ÁLBUM DE Carnaval
E OUTRAS FESTAS POPULARES
JUNINA • NATAL • REVEILLON

**Para
Clarinete
Piston
Saxofone Tenor**

2004 - 2005

Nº Cat.: 306-A

Irmãos Vitale S.A. Indústria e Comércio
www.vitale.com.br
Rua França Pinto, 42   Vila Mariana   São Paulo   SP
CEP: 04016-000 Tel.: 11 5081-9499 Fax: 11 5574-7388

© Copyright 2003 by Irmãos Vitale S.A. Ind. e Com. - São Paulo - Brasil
Todos os direitos autorais reservados para todos os países. *All rights reserved.*

CIP-BRASIL CATALOGAÇÃO NA FONTE
SINDICATO NACIONAL DOS EDITORES DE LIVROS, RJ

A297

Álbum de carnaval e outras festas populares : 2004 - 2005.
Piston, clarinete e sax tenor
- São Paulo : Irmãos Vitale, 2004
Música

ISBN- 978-85-7407-167-1

1. Música para trompete
2. Música para clarineta
3. Música para saxofone
4. Música de carnaval
5. Música de festas folclóricas

03-2296

CDD-788.62
CDU-788.6

27.10.03   *29.10.03*   *004683*

ÁLBUM DE Carnaval
E OUTRAS FESTAS POPULARES
JUNINA • NATAL • REVEILLON

PREFÁCIO

Este álbum se destina aos músicos que se interessam em executar o melhor e mais completo repertório de música brasileira voltado para as grandes festas nacionais.

Para tanto, as editoras Irmãos Vitale e Todamérica reuniram numa única coleção seus maiores sucessos de Carnaval, festas juninas e natalinas, além de outros eventos comemorativos da nossa cultura.

São mais de 200 obras conhecidas do grande público destinadas ao entretenimento que bandas, orquestras e conjuntos musicais proporcionam aos seus fãs e foliões.

Irmãos Vitale e Todamérica desejam muitas boas festas a todos, o ano inteiro.

Juntos, eles formam a mais popular e bem sucedida dupla de compositores carnavalescos. Responsáveis por sucessos que todo o Brasil canta, suas músicas atravessaram fronteiras, e hoje, grande parte do mundo conhece suas canções.

Manoel Ferreira e Ruth Amaral alcançaram significativo e merecido destaque e continuam firmes no propósito de não deixar morrer esta, que é uma das mais autênticas manifestações populares de nosso país.

Juntando talento e inspiração, compuseram mais de 200 músicas e ganharam vários festivais por todo o Brasil. Legítimos paulistas fizeram com que suas marchinhas, típicas do carnaval de São Paulo, conquistassem todo o Brasil.

O primeiro sucesso de Manoel Ferreira foi gravado por **Arrelia e Pimentinha** em 1955 "Como vai, como vai" (Muito bem), depois veio a conhecer **Ruth Amaral**, sua parceira e esposa, em uma união que já dura mais de 40 anos. Compuseram grandes sucessos como: Me dá um gelinho aí, gravado por **Francisco Egídio**, e na década de 60, ao conhecerem **Silvio Santos**, passaram a compor todos os grandes sucessos musicais do apresentador: A bruxa vem aí, Transplante de Corinthiano (Coração Corinthiano), A pipa do vovô, Gigi, Marcha do barrigudinho, Como vai, como vai (regravação), Hino das torcidas, Samba do Corinthians e Eu gosto da minha sogra. Entre outros sucessos, a dupla gravou "Liga pro meu celular", com **Ana Maria Braga**, lançando a apresentadora como cantora.

Mais de 40 carnavais, mas também ao que se convenciona chamar-se "meio de ano": Bom dia com **Barros de Alencar** (que ainda hoje é adotada como prefixo de abertura de várias emissoras e programas em todos os Brasil), Volta pro morro malandro com **Elza Soares** e Choro junto com você com **Miltinho.**

Um exemplo de vida familiar e profissional, respeitados e queridos no meio artístico, este paulistano, nascido no Bairro do Limão e esta paulista de São Carlos, constituem em marco de música popular brasileira.

Neste ano de 2004, quando São Paulo completa 450 anos, **Manoel Ferreira** estará completando 50 anos como compositor.

Nossos agradecimentos a todos que colaboraram com o sucesso de nosso repertório.

Manoel Ferreira e Ruth Amaral.

ÍNDICE

CARNAVAL

450 anos	22
A bruxa vem aí	23
A canoa virou	34
A fonte secou	35
A mulata é a tal	38
A perereca da vizinha	17
A Tribo do Zumbi	24
Acorda Maria Bonita	16
Agora é cinza	36
Água lava tudo	37
Água na boca	54
Ai! Que saudades da Amélia	39
Allah-la-ô	47
Anda Luzia	40
Aquarela brasileira	48
Aquarela do Brasil	52
Até quarta-feira	55
Atire a primeira pedra	56
Atrás da banda	57
Baía com h	58
Bandeira branca	60
Barracão	61
Batida diferente	62
Bendito seja	63
Bota a camisinha	64
Brasil pandeiro	42
Break, break	51
Cabeleira do Zezé	11
Camisa listada	65
Charlie Brown	66
Chiquita Bacana	19
Co-co-co-ro-có	67
Colombina yê-yê-yê	68
Como " vaes" você?	69
Confeti	70
Coração de jacaré	71
Dança do bole bole	72
Daqui não saio	73
De lanterna na mão	74
Deixa isso pra lá	75
Desfolhei a margarida	76
E baiana	77
É com esse que eu vou	78
Estamos aí	79
Estrela do mar	80
Eu bebo sim	81
Eu brinco	82
Eu dei	83
Exaltação a Mangueira	84
Exaltação a Tiradentes	85
Falsa baiana	90
Fantasia de toalha	18
Fogão	20
Foi um rio que passou em minha vida	86
Folia no matagal	88
Garota de Saint Tropez	91
Garota do Ipê	92
General da banda	93
Gigi	25
Gostava tanto de você	94
Grau 10	95
Heróis da liberdade	96
Hino das torcidas	26
Hino do carnaval brasileiro	98
Hino do Grêmio	99
Hino Rubro-negro	100
Homem com "H"	101
Império de samba	102
Israel	103
Isto aqui o que é?	104
Jarro da saudade	105
Joga a chave, meu amor!	106
Jou-Jou e Balagandans	107
Jurar com lágrimas	108
Lata d'água	21
Leão do mar	110
Ligue pro meu celular	27
Linda lourinha	111
Mal-me-quer	112
Marcha da cueca	113
Marcha do barrigudinho	28
Marcha do cordão da Bola Preta	114
Marcha do pirim-pim-pim	29
Marcha do Salim	115
Marcha do silicone	41
Marchinha do Grande Galo	116
Maria sapatão	117
Me dá um dinheiro, aí	15
Me dá um gelinho	30
Menino "gay"	118
Milagre do Viagra	119
Morena, boca de ouro	120
Muito bem	31
Mulata iê, iê, iê	121
Na Baixa do Sapateiro	122
Não deixe o samba morrer	123
Não tenho lágrimas	124
Ninguém tasca	125
No tabuleiro da baiana	130
O circo	128
O circo vem aí	132
O cordão dos puxa-saco	46
O teu cabelo não nega	131
Obsessão	133
Oh! Bela	126
Onde está o dinheiro?	44
Onde estão meus tamborins	134
Pacotão	135
Papai é o maior	136
Paz e amor	137
Pegando fogo	138
Periquitinho verde	139
Pescador	140
Pirata da perna de pau	141
Plumas e paetês	142

Pra frente Brasil 144
Pra que dinheiro 146
Pra seu governo 147
Pula, caminha 150
Quem sabe, sabe 14
Rancho da Praça Onze 148
Rasguei a minha fantasia 151
Recife 152
Ressaca 153
Réu confesso 154
Rock do Jegue 155
Saca rolha 158
Sassaricando 12
Saudosa maloca 156
Se acaso você chegasse 159
Se é pecado sambar 162
Sei lá Mangueira 160
Sempre é carnaval 163
Serpentina 164
Sou brasileiro 165
Ta-hi! 45
Tem capoeira 166
Tem gato na tuba 167
Tem nego bebo aí 168
Tetéo 32
Tomara que chova 169
Transplante de corinthiano 33
Trem das onze 170
Triste madrugada 171
Turbilhão 172
Turma do funil 173
Vai com jeito 174
Vassourinha 175
Velho coração 176
Vem chegando a madrugada 177
Violão não se empresta a ninguém 180
Vivo isolado do mundo 178
Vou sair de Lula 181
Zé Carioca no frevo 182
Zé Marmita 183

FESTAS JUNINAS

A letra I 187
A sanfona do Mané 188
A vida do viajante 189
ABC do sertão 190
Bailão de peão 191
Baião 192
Baião da garoa 194
Baião de dois 196
Boiadeiro 198
Balão do amor 200
Brincadeira tem hora 201
Cai, cai balão 202
Calango da Lacraia 203
Chofér de praça 204
Capelinha de malão 206
Derramaro o gai 207
17 e 700 208

Estrela miúda 210
É proibido cochilar 212
Falso toureiro 214
Farinhada 215
Forró de Mané Vito 216
Forró em Caruaru 218
Forró em Limoeiro 219
Imbalança 220
Lascando o cano 221
Mariá 222
Marina sapeca 223
Meu Cariri 224
No Ceará não tem disso não 226
Noites brasileiras 227
O baile começou 228
Casamento da filha do Tomaz 229
O casório da Maria 230
O xamego da Guiomar 231
O sanfoneiro só tocava isso 232
Oh! Suzana 233
O xote das meninas 234
Olha pro céu 236
Olhando o céu todo enfeitado 237
Paraíba 238
Para Pedro 240
Pau de Arara 241
Pezinho 242
Propriá 243
Pula a fogueira 244
Rico Santo Antonio 245
Quadrilha na roça 246
Qui nem giló 248
São João na roça 250
São João do carneirinho 252
Sebastiana 253
1 a 1 254
Viva São João 255
Vem morena 256
Xaxado 258
Chotes 259
Xamego 260

NATAL E REVEILLON

Boas festas 263
Canção de natal do Brasil 264
Feliz natal 265
Fim de ano 266
Natal das crianças 267
Sino de Belém 268
Vamos dar as mãos... e cantar 269

OUTRAS FESTAS POPULARES

Canção da criança 273
Canção do expedicionário 274
Deus abençoe as crianças 277
Dia dos namorados 278
Festa do Divino 279
Fibra de herói 282

CARNAVAL

Gravado por JORGE GOULART em discos Mocambo

Cabeleira do Zezé

MARCHA

Melodia { PISTON Si b / CLARINETE Si b / SAX TENOR Si b }

João Roberto Kelly e Roberto Faissal

Bis (Olha a cabeleira do Zezé,
(Será que êle é...
(Será que êle é...

Será que êle é bossa-nova,
Será que êle é Maomé,
Parece que é transviado,
Mas isso eu não sei se êle é...

Refrão:
Corta o cabelo dêle,
Corta o cabelo dêle,
Corta o cabelo dêle,
Corta o cabelo dêle.

© Copyright 1963 by IRMÃOS VITALE S/A. Ind. e Com. - São Paulo - Rio de Janeiro - Brasil
Todos os direitos autorais reservados para todos os países
All rights reserved - International Copyright Secured.

SASSARICANDO

MARCHA

Luiz Antonio, Ze Mario e
O. Magalhães

BIS
(Sá - sassaricando!
(Todo mundo leva a vida no arame
(Sá - sassaricando!
(A viúva... o brotinho... e a madame!...
(O velho, na porta da Colombo
(É um assombro!
(Sassaricando...

Quem não tem seu sassarico
Sassarica mesmo só !
Porque sem sassaricar...
Essa vida é um nó!...

14

Gravação ODEON por JOEL e seu Ritmo Alegre

Quem sabe, sabe...
MARCHA

PISTON Si b
CLARINETE Si b
SAX TENOR Si b

Jóta Sandoval e Carvalhinho

BIS (Quem sabe, sabe
    (Conhece bem
    (Como é gostôso
    (Gostar de alguem

BIS (Ai... morena
    (Deixa eu gostar de você
    (Boêmio, sabe beber
    (Boêmio, também tem querer

© Copyright 1955 by IRMÃOS VITALE S/A. Ind. e Com. - São Paulo - Rio de Janeiro - Brasil
Todos os direitos autorais reservados para todos os países
All rights reserved - International Copyright Secured.

Gravação COPACABANA por MOACYR FRANCO

Me dá um dinheiro, aí
MARCHA

PISTON Si b
CLARINETE Si b
SAX TENOR Si b

Ivan Ferreira, Homero Ferreira e Glauco Ferreira

Bis { Ei, você aí,
Me dá um dinheiro aí,
Me dá um dinheiro aí.

11

Não vai dar?
Não vai dar não?
Você vai ver
A grande confusão,
Que eu vou fazer,
Bebendo até cair,
Me dá, me dá, me dá (oi)
Me dá um dinheiro aí.

© Copyright 1959 by IRMÃOS VITALE S/A. Ind. e Com. - São Paulo - Rio de Janeiro - Brasil
Todos os direitos autorais reservados para todos os países
All rights reserved - International Copyright Secured.

16

ACORDA MARIA BONITA (Se eu soubesse)

MARCHA

Antonio dos Santos (Volta Seca)

PISTON
CLARINETE
SAX TENOR

(2 VEZES)
Acorda Maria Bonita
Levanta, vai fazer o café
Que o dia já vem raiando
E a polícia já está de pé

Se eu soubesse que chorando
Empato a tua viajem
Meus olhos eram dois rios
Que não te davam passagem

Cabelos pretos anelados
Olhos castanhos delicados
Quem não ama a cor morena
Morre cego e não vê nada.

© Copyright 1956 by TODAMÉRICA MÚSICA LTDA. - RIO DE JANEIRO - BRASIL.
Todos os direitos autorais, execução, tradução e arranjos reservados para todos os países.

Gravada por DERCY GONÇALVES em discos Copacabana

A Perereca da Vizinha

PISTON Sib
CLARINETE Sib
SAX TENOR Sib

MARCHA

Dercy Gonçalves e Jonatan

BIS
- A perereca da vizinha
- Tá presa na gaiola
- Chô perereca, chô perereca

A vizinha é boa praça
Dim-dim, dim-dim
A vizinha é camarada
Dim-dim, dim-dim
Vai soltar a perereca
Dim-dim, dim-dim
Pra alegrar a garotada
Dim-dim, dim-dim

© Copyright 1964 by IRMÃOS VITALE IND. E COM. - SÃO PAULO - RIO DE JANEIRO - BRASIL.
Todos os direitos autorais reservados para todos os países. All rights reserved.

12367-C

18

Gravação FONOBRÁS por PAULO RODRIGUES
Gravação COPACABANA por ARRELIA e PIMENTINHA

Fantasia de toalha
MARCHA

Melodia { PISTON Si b
CLARINETE Si b
SAX TENOR Si b

J. Saccomani, Arrelia e Ercilio Consoni

A minha fantasia é uma toalha
E' uma toalha e nada mais
A minha fantasia é uma toalha
E' uma toalha e nada mais.

Faço um buraco no meio
Ponho na minha cabeça
Saio prá rua e não quero
Que ninguém me aborreça.

CHIQUITA BACANA
MARCHA

PISTON
CLARINETE
SAX TENOR

Alberto Ribeiro e João de Barro

(2 vezes)
Chiquita Bacana
Lá da Martinica
Se veste com uma casca
De banana nanica

Não usa vestido
Não usa calção
Inverno pra ela
É pleno verão
Existencialista
Com toda a razão
Só faz o que manda
O seu coração, oi!

© Copyright by TODAMÉRICA MÚSICA LTDA. - RIO DE JANEIRO - BRASIL.
Todos os direitos autorais, execução, tradução e arranjos reservados para todos os países.

Fogão
FREVO

Melodia { PISTON Si b / CLARINETE Si b / SAX TENOR Si b }

Sergio Lisboa

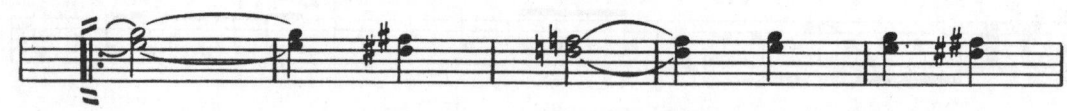

© Copyright 1953 by IRMÃOS VITALE S/A. IND. E COM. - São Paulo - Rio de Janeiro - Brasil
Todos os direitos autorais reservados para todos os países
All rights reserved - international Copyright Secured

10.019-c

LATA D' ÁGUA
SAMBA

(Lata d'água na cabeça
(Lá vai Maria ...
BIS (Lá vai Maria ...
(Sobe o morro não se cansa
(Pela mão leva a criança ...
(Lá vai Maria !

Maria lava roupa lá no alto
Lutando pelo pão de cada dia
Sonhando com a vida do asfalto
Que acaba onde o morro principia !

© Copyright by EDITORA MUSICAL BRASILEIRA LTDA. - RIO DE JANEIRO - BRASIL.
Todos os direitos autorais, execução, tradução e arranjos reservados para todos os países.

450 ANOS

Gravação: Independente por Ruth Amaral

MARCHA

PISTON
CLARINETE
SAX TENOR

Manoel Ferreira e Ruth Amaral

(2 vezes)
450 anos
Orgulho do Brasil
São Paulo de todas as raças
Vamos cantar parabéns
Erguendo as nossas taças

São Paulo do grito do Ipiranga
São Paulo dos cafezais
São Paulo da garoa
Não posso esquecer jamais

Ibirapuera, Trianon
Paulista, Ipiranga, São João
Masp, vitrine cultural
São Paulo do Brasil é o coração.

Gravação ODEON por SILVIO SANTOS

A Bruxa Vem Aí
MARCHA

Melodia { PISTON Si b / CLARINETE Si b / SAX TENOR Si b }

Manoel Ferreira e Ruth Amaral

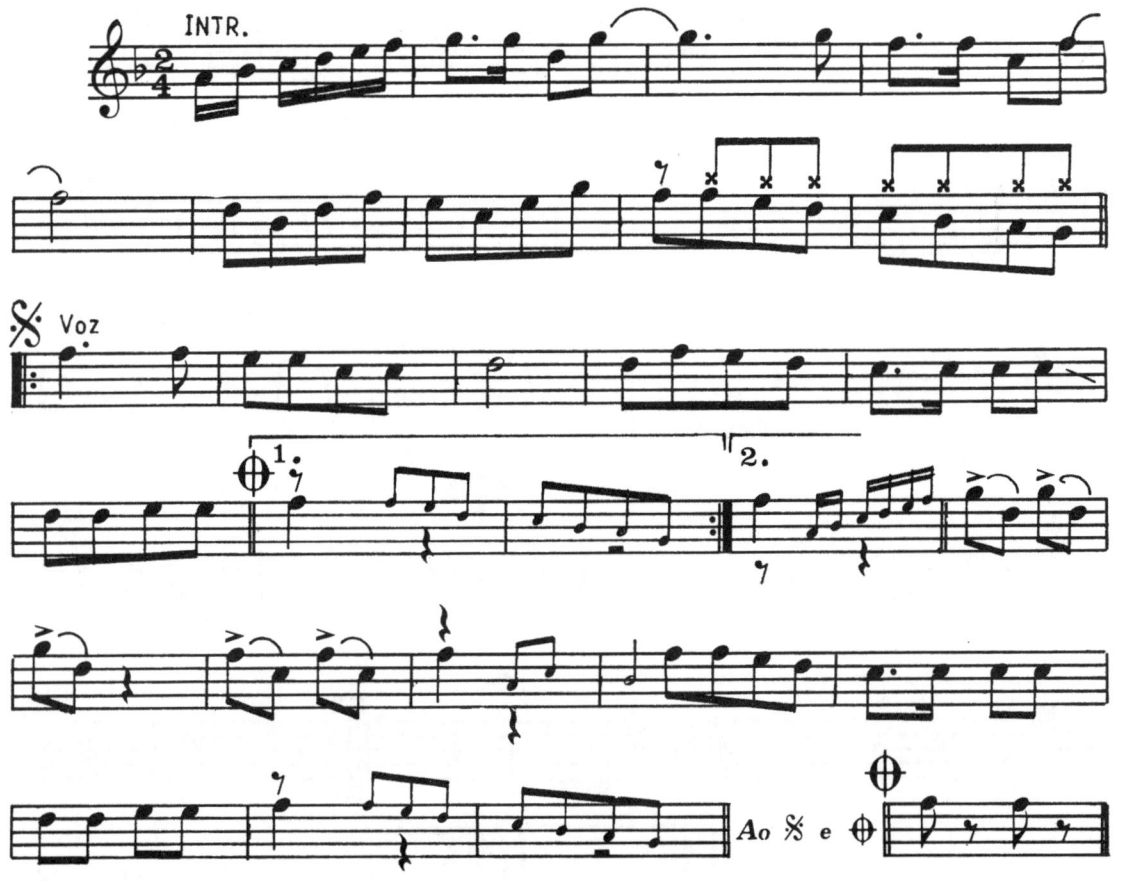

   (Ai
Bis (A bruxa vem ai
   (E não vem sòzinha
   (Vem na base do sacy.

Pula, pula, pula
Numa perna só
Vem largando brasa
No cachimbo da vovó.

A Tribo do Zumbi

Gravação CONTINENTAL por FRANCISCO EGYDIO

MARCHA

Melodia: PISTON Si b / CLARINETE Si b / SAX TENOR Si b

Manoel Ferreira, Ruth Amaral e Santos

Bis (Eu sou da tribo do Zumbi
(Tô chegando agora eu não sou daqui.

Eu sei uma dança diferente
Eu quero ensinar prá você
Põe um pésinho prá frente
E faça o que eu vou fazer

Bis (Eh, eh, eh, eh, eh, eh, eh, eh.
(Eh, eh, eh, eh, eh, eh, eh, eh.

© Copyright 1970 by IRMAOS VITALE S/A. Ind. e Com. - São Paulo - Rio de Janeiro - Brasil
Todos os direitos autorais reservados para todos os países — All rights reserved.

Gravação RCA por SILVIO SANTOS

Gigi
MARCHA

PISTON Si ♭
CLARINETE Si ♭
SAX-TENOR Si ♭

Manoel Ferreira,
Ruth Amaral e João Roberto Kelly

Bis { Gigi,
Eu chego lá
Me dá uma colher de chá.

Deslumbrada, boneca
Eu sou teu fã
Eu te quero hoje
Não tem nada de amanhã.

© Copyright 1975 by Editora Musical RCA Ltda. e CEMBRA Ltda.
Rua Dona Veridiana, 203, Av. Prestes Maia, 220 — São Paulo — Brasil
Todos os direitos autorais reservados para todos os países — All rights reserved.

HINO DAS TORCIDAS

Gravação RCR por Silvio Santos

MARCHA

Manoel Ferreira, Ruth Amaral e João Roberto Kelly

PISTON
CLARINETE
SAX TENOR

Dá-lhe Corinthians, dá-lhe
Corinthians
Com muita emoção
Dá-lhe Corinthians, dá-lhe
Corinthians
O grande campeão!

Eh lê lê oh, lê lê oh, lê lê oh, lê lê oh,
Corinthians!
Eh lê lê oh, Corinthians meu amor!

Dá-lhe Flamengo, etc...

E dá-lhe Grêmio, etc...

Dá-lhe Bahia, etc...

E dá-lhe Galo, etc...

E dá-lhe Sport, etc...

Dá-lhe Brasil, dá-lhe
Brasil
Com muita emoção
Dá lhe Brasil, dá-lhe
Brasil
O tetracampeão!

Eh lê lê oh, lê lê oh, lê lê oh, lê lê oh, Brasil!
Eh lê lê oh, lê lê oh, lê lê oh, lê lê oh, Brasil!
Eh lê lê oh, lê lê oh, lê lê oh, lê lê oh, São Paulo!
Eh lê lê oh, lê lê oh, lê lê oh, lê lê oh, Vasco!
Eh lê lê oh, lê lê oh, lê lê oh, lê lê oh, Santos!
Eh lê lê oh, lê lê oh, lê lê oh, lê lê oh, Cruzeiro!
Eh lê lê oh, lê lê oh, lê lê oh, lê lê oh, Inter!
Eh lê lê oh, lê lê oh, lê lê oh, lê lê oh, Palmeiras!

© Copyright 1994 by IRMÃOS VITALE S/A IND. E COM. - São Paulo - Rio de Janeiro - Brasil
Todos os direitos autorais reservados para todos os países. All rights reserved.

Ligue pro meu celular
MARCHA

PISTON Sib
CLARINETE Bb
SAX TENOR Sib

Manuel Ferreira
Ruth Amaral e
João Roberto Kelly

        Lê lê lê
        Lê lê ah
        Prá te namorar
        Já comprei um celular

        Agora não tem mais desculpas
        Prá você não me encontrar
Bis.. (Lê lê lê ah
       (Ligue pro meu celular

© Copyright 1996 by, IRMÃOS VITALE S/A. Ind. e Com. São Paulo - Rio de Janeiro - Brasil.
Todos os direitos autorais reservados para todos os países. All Rights Reserved.
International Copyright Secured.

Marcha do Barrigudinho

Gravação COPACABANA por SÍLVIO SANTOS

MARCHA

Melodia { PISTON Si b / CLARNETE Si b / SAX TENOR Si b }

Manoel Ferreira, Gentil Junior e Francisco José

Bis { O homem pode ser careca
Baixinho e barrigudo
Mas se tiver dinheiro
Êle está com tudo. }

Ei! bonitão
Está de bobeira no salão
Seu guarda avise o engraçadinho
Quem manda é o barrigudinho.

© Copyright 1967 by IRMAOS VITALE S.A. Ind. e Com. - São Paulo - Rio de Janeiro - Brasil
Todos os direitos autorais reservados para todos os países - All Rights Reserved.

Gravação ODEON por SILVIO SANTOS

Marcha do pirim-pim-pim
MARCHA

PISTON Si b
CLARINETE Si b
SAX TENOR Si b

Manoel Ferreira e Ruth Amaral

29

Bis (Ele está no fim
(Tá precisando de pirim-pim-pim.

No carnaval o amor
Sempre combina
Ele está fraco
Está quase no fim
Prá ganhar o amor dessa menina
Ele precisa de pirim-pim-pim.

© Copyright 1973 by CEMBRA Ltda. - São Paulo - Brasil
Todos os direitos autorais reservados para todos os países - All rights reserved.
Cat. 1.169

30

Gravação CONTINENTAL por FRANCISCO EGIDIO

Me Dá Um Gelinho

MARCHA

Melodia { PISTON Si b / CLARINETE Si b / SAX TENOR Si b }

Manoel Ferreira e Ruth Amaral

AD-LIBITUM

      (Me dá um gelinho aí
Bis (Eu tô a cem por hora
      (Se não parar o calor
      (Eu jogo a roupa fora.

É agora, é agora
Que eu jogo a roupa fora
É agora, é agora
Que eu jogo a roupa fora.

© Copyright 1969 by IRMAOS VITALE S. A. Ind. e Com. - São Paulo - Rio de Janeiro - Brasil
Todos os direitos autorais reservados para todos os países
All rights reserved - International Copyright Secured.

12.727-c

Gravada por Arrelia e Pimentinha em discos COPACABANA

MUITO BEM
MARCHA

Melodia { PISTON Si b / CLARINETE Si b / SAX TENOR Si b }

Arrelia, Manuel Ferreira e Antonio Mojica

Como vai, como vai, como vai
Como vai, como vai, vai, vai
Muito bem, muito bem, muito bem
Muito bem, muito bem, bem, bem

Você vai bem?
Eu vou tambem
E ele como é que vai?
Vai muito bem
Muito bem, bem, bem

© Copyright 1956 by IRMÃOS VITALE S/A. Ind. e Com. - São Paulo - Rio de Janeiro - Brasil
Todos os direitos autorais reservados para todos os países
All rights reserved - International Copyright Secured.

Tetéo
MARCHA

Gravação COPACABANA por SILVIO SANTOS

Melodia { PISTON Si b / CLARINETE Si b / SAX TENOR Si b }

Manoel Ferreira e Ruth Amaral

      (Tetéo, Tetéo
Bis (O seu lugar está guardado
      (Lá no céu.
         (Breque: Tetéo).

Eu sei que você é bonzinho
Não nega nada a ninguém
Empreste a sua namorada Tetéo
Que o seu lugar está guardado
Lá no céu.
         (Breque: Tetéo).

© Copyright 1972 by CEMBRA Ltda. - São Paulo - Brasil
Todos os direitos autorais reservados para todos os países - All rights reserved.

Cat. 1.120

Gravação RCA VICTOR por SÍLVIO SANTOS

Transplante de Corinthiano
(Coração Corinthiano)

MARCHA

Melodia { PISTON Si b
CLARINETE Si b
SAX TENOR Si b }

Manoel Ferreira, Ruth Amaral e Gentil Júnior

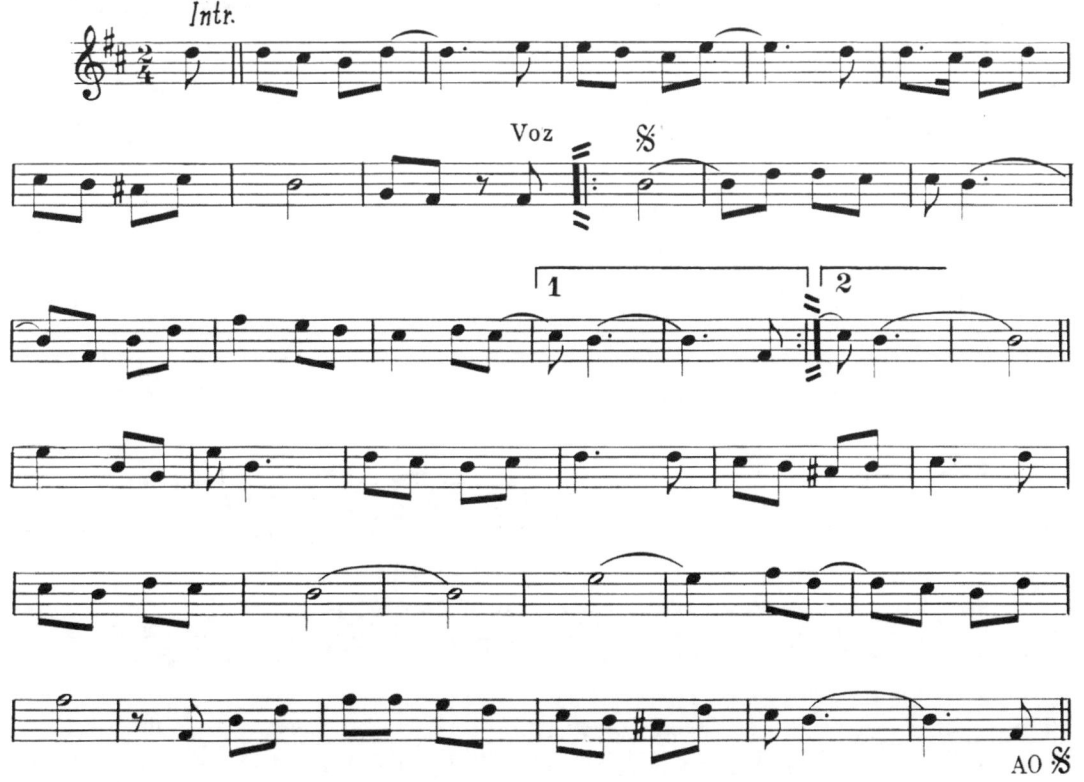

       (Doutor
Bis (Eu não me engano
       (O coração
       (É corinthiano.

Eu não sabia
Mais o que fazer
Troquei o coração
Cansado de sofrer
Ai, doutor eu não me engano
Botaram outro coração corinthiano.

© Copyright 1968 by IRMÃOS VITALE S/A. Ind. e Com. - São Paulo - Rio de Janeiro - Brasil
Todos os direitos autorais reservados para todos os países
All rights reserved - International Copyright Secured.

12.656-c

A Fonte Secou
SAMBA

Piston
Clarinete
Sax. Tenor

Monsueto C. Menezes, Tufic Lauar e Marcleo

Bis
(Eu não sou água
(Pra me tratares assim
(Só na hora da sede
(É que procuras por mim
(A fonte secou
(Quero dizer
(Que entre nós, tudo acabou

Teu egoísmo me libertou
Não deves mais me procurar
A fonte do meu amor secou
Mas os teus olhos
Nunca mais hão de secar

Copyright 1953 by Todamérica Música Ltda. Rio-Brasil

Gravação CONTINENTAL por MARLENE

A canôa virou
MARCHA

Melodia { PISTON Si b
CLARINETE Si b
SAX TENOR Si b

João de Barro

Bis
(A canôa virou,
(Deixa virar,
(Por causa da menina
(Que não soube remar.

Menina larga o remo,
Pula nágua marujada
Pula nágua, pula nágua, pula nágua
Pula nágua, pula nágua
Que a canôa «tá» furada.

© Copyright 1964 by EDITORA MUSICAL BRASILEIRA LTDA. - Rio de Janeiro - Brasil
Todos os direitos autorais reservados para todos os países - All rights reserved.

Agora é cinza
SAMBA

Melodia { PISTON Si b / CLARINETE Si b / SAX TENOR Si b }

Alcibiades Barcellos e Armando V. Marçal

Você partiu
saudades me deixou
Eu chorei.
O nosso amor
Foi uma chama
o sopro do passado
desfaz
Agora é cinza
Tudo acabado
E nada mais!...

Você
Partiu de madrugada
E não me disse nada
Isso não se faz
Me deixou cheio de saudade
E paixão
Me conformo
Com a sua ingratidão!
    (Chorei porque)

Agora
Desfeito o nosso amor
Eu vou chorar de dor
Não posso esquecer
Vou viver distante dos teus olhos
Oh! querida
Não me deu
Um adeus por despedida!
    (Chorei porque)

© Copyright 1933 by IRMÃOS VITALE S/A. Ind. e Com. · São Paulo · Rio de Janeiro · Brasil
Todos os direitos autorais reservados para todos os países
All rights reserved · International Copyright Secured.

Gravação CONTINENTAL por EMILINHA BORBA

ÁGUA LAVA TUDO

MARCHA

Melodia { PISTON Si b / CLARINETE Si b / SAX TENOR Si b }

Paquito, Romeo Gentil e Jorge Gonçalves

37

Bis {
Você notou
Que eu estou tão diferente } Bis
A água lava lava lava tudo
A água só não lava
A lingua dessa gente.
}

Já vieram me contar
Que lhe viram por aí
Em lugar tão diferente
A água lava lava lava tudo
A água só não lava
A lingua dessa gente.

© Copyright 1954 by IRMÃOS VITALE S/A. IND. E COM. - São Paulo - Rio de Janeiro - Brasil
Todos os direitos autorais reservados para todos os países
All rights reserved - international Copyright Secured

10.285

38
A mulata é a tal
MARCHA

Melodia { PISTON Si b / CLARINETE Si b / SAX TENOR Si b }

João de Barro e Antonio Almeida

(Branca é branca
(Preta é preta
Bis (Mas a mulata é a tal
((é a tal).

Quando ela passa todo o mundo grita
Estou ai nessa marmita!
Quando ela bole com os seus quadris
Eu bato palmas e peço bis
    ai...
Mulata côr de canela
Salve!... salve!... salve!... salve!... salve!... ela.

© Copyright TODAMERICA MÚSICA LTDA. - Rio de Janeiro - Brasil
Todos os direitos autorais reservados para todos os países - All rights reserved.

Ai! que saudades da Amelia...
SAMBA

Melodia: PISTON Si b / CLARINETE Si b / SAX TENOR Si b

Ataulpho Alves e Mario Lago

Nunca vi fazer tanta exigencia
Nem fazer o que você me faz
Você não sabe o que é consciencia
Não vê que eu sou um pobre rapaz?...
Você só pensa em luxo e riqueza
Tudo que você vê você quer,
Ai, meu Deus! Que saudade da Amelia...
Aquilo sim, é que era mulher.

As vezes passava fome ao meu lado,
E achava bonito não ter o que comer...
Quando me via contrariado
Dizia: — meu filho, o que se ha de fazer...
Amelia não tinha a menor vaidade
Amelia é que era mulher de verdade.

© Copyright 1940 by IRMÃOS VITALE S/A. Ind. e Com. · São Paulo · Rio de Janeiro · Brasil
Todos os direitos autorais reservados para todos os países
All rights reserved - International Copyright Secured.

ANDA LUZIA
MARCHA RANCHO

PISTON
CLARINETE
SAX TENOR

João de Barro

Anda Luzia!
Pega o pandeiro
Vem pro carnaval!

Anda Luzia!
Que essa tristeza
Lhe faz muito mal

Apronta a tua fantasia
Alegra o teu olhar profundo
Vida dura só um dia, Luzia
Não se leva nada desse mundo.

Anda Luzia!
Pega o pandeiro
Vem pro carnaval!

Anda Luzia!
Que essa tristeza
Lhe faz muito mal.

© Copyright 1946 by TODAMÉRICA MÚSICA LTDA. - RIO DE JANEIRO - BRASIL.
Todos os direitos autorais, execução, tradução e arranjos reservados para todos os países.

Gravação RCA VICTOR por CHACRINHA

Marcha do silicone
MARCHA

PISTON Si ♭
CLARINETE Si ♭
SAX TENOR Si ♭

P. Massadas e M. Sullivan

Será que é mulher
Será que ela é homem
Cuidado com o silicone

Chega no baile
E ela bota pra quebrar
E faz de tudo pra querer impressionar
Do lado dela fica assim de gavião
E ninguém sabe se é Maria ou se é João

© Copyright 1986 by IRMÃOS VITALE S/A. Ind. e Com. - São Paulo - Rio de Janeiro - Brasil
© Copyright 1986 by EDITORA MUSICAL RCA LTDA.
Todos os direitos autorais reservados para todos os países
All Rights Reserved - International Copyright Secured.

42

Brasil pandeiro

PISTON
CLARINETE
SAX TENOR

Assis Valente

Chegou a hora dessa gente bronzeada mostrar seu valor
Eu fui a Penha e pedi a padroeira para me ajudar
Salve o Morro do Vintém, Pindurasáia, que eu quero ver
O tio Sam tocar pandeiro para o mundo sambar
O Tio Sam está querendo conhecer a nossa batucada
Anda dizendo que o molho da baiana melhorou seu prato
Vai entrar no Cuscús, Acarajé e Abará
Na Casa Branca já dançou a batucada de Ioiô e Iaiá

Brasil, Brasil, esquentai vossos pandeiros
Iluminai vossos terreiros
Está na hora de sambar
Há quem sambe diferente
Noutras terras, outra gente
Num barulho de matar
Oi! Batucada reuni vossos valores
Pastorinhas e cantores
Expressões que não têm par
Oi! Meu Brasil...
Brasil esquentai vossos pandeiros
Iluminai os terreiros
Que nós queremos sambar.

44

Gravação RCA VICTOR por GAL COSTA

Onde está o dinheiro?
FREVO

PISTON Si ♭
CLARINETE Si ♭
SAX TENOR Si ♭

José Maria, Mattoso e Barbosa

(Onde está o dinheiro?
(O gato comeu... O gato comeu
(Que ninguém não viu
Bis (O gato fugiu... O gato fugiu
(O seu paradeiro...
(Está no estrangeiro?
(Onde está o dinheiro?...

Eu vou procurar
E hei de encontrar
E com o dinheiro na mão
Eu compro um vagão
Eu compro a Nação
Eu compro até seu coração.

No norte não está
No sul estará?...
Tem gente que sabe e não diz
Está tudo por um triz
E ahi está o «X»
E não se pode ser feliz...

Bis (Onde está o dinheiro?... (etc.)

© Copyright 1937 by IRMÃOS VITALE S/A. Ind. e Com. - São Paulo - Rio de Janeiro - Brasil
Todos os direitos autorais reservados para todos os países
All Rights Reserved - International Copyright Secured.

5.833

TA-HI!
(P'ra você gostar de mim...)

PISTON Si b
CLARINETE Si b
SAX TENOR Si b

MARCHA

Joubert de Carvalho

CÔRO

Bis
{
Ta-hi!...
Eu fiz tudo
Prá você gostar de mim...
Oh meu bem,
Faz assim comigo não!
Você tem, você tem
Que me dar seu coração.
}

Meu amôr não posso esquecer...
Se dá alegria, faz tambem sofrer.
A minha vida foi sempre assim:
Só chorando as maguas... que não tem fim.

Essa história de gostar de alguem
Já é mania que as pessôas têm.
Se me ajudasse Nosso Senhor
Eu não pensaria mais no amôr.

Ta-hi!...
Eu fiz tudo, etc.

© Copyright 1950 by IRMÃOS VITALE S/A. IND. E COM. - São Paulo - Rio de Janeiro - Brasil
Todos os direitos autorais reservados para todos os paises
All rights reserved - international Copyright Secured

8969-c

46

Gravação RCA VICTOR por "ANJOS DO INFERNO"

O Cordão dos Puxa-Saco
MARCHA

Melodia { PISTON Si b / CLARINETE Si b / SAX TENOR Si b }

Roberto Martins e Frazão

Bis {
Lá vem
O cordão dos puxa-saco
Dando viva aos seus maiorais
Quem está na frente é passado pra tras
E o cordão dos Puxa-saco
Cada vez aumenta mais
}

Vossa Excelência
Vossa Eminência
Quanta referência nos cordões eleitorais!
Mas se o «Doutor» cai do galho e vai ao chão
A turma logo evolue de opinião
E o cordão dos puxa-saco
Cada vez aumenta mais.

Copyright 1945 by IRMÃOS VITALE S/A. Ind. e Com. - São Paulo - Rio de Janeiro - Brasil
Todos os direitos autorais reservados para todos os países — All rights reserved.

ALLAH-LA-Ô
MARCHA

Melodia { PISTON Si b / CLARINETE Si b / SAX TENOR Si b }

Haroldo Lobo e Nássara

Bis {
Allah-la-ô, ô ô ô, ô ô ô
Mas que calor, ô ô ô, ô ô ô
Atravessamos o deserto de Sahara
O sol estava quente, queimou a nossa cara
Allah-la-ô, ô ô ô, ô ô ô
Allah-la-ô, ô ô ô, ô ô ô
}

Viemos do Egito
E muitas vêzes nós tivemos que rezar
Allah-Allah-Allah, meu bom Allah
Mande água pro loiô
Mande água pra laiá
Allah, meu bom Allah.

© Copyright 1940 by IRMÃOS VITALE S/A. Ind. e Com. - São Paulo - Rio de Janeiro - Brasil
Todos os direitos autorais reservados para todos os países
All rights reserved - International Copyright Secured.

Gravação RCA VICTOR por MARTINHO DA VILA

Aquarela Brasileira
SAMBA-ENREDO

PISTON Si♭
CLARINETE Si♭
SAX TENOR Si♭

Silas de Oliveira

© Copyright 1973 by IRMÃOS VITALE S. A. Ind. e Com. - São Paulo - Rio de Janeiro - Brasil
Todos os direitos autorais reservados para todos os países
All rights reserved - International Copyright Secured.

49

PISTON Si♭
CLARINETE Si♭
SAX TENOR Si♭

Aquarela Brasileira
SAMBA

Gravação RCA VICTOR por MARTINHO DA VILA

Silas de Oliveira

Vejam esta maravilha de cenário
É um episódio relicário
Que o artista num sonho genial
Escolheu para este carnaval
E o asfalto como passarela
Será a tela do Brasil em forma de aquarela.

Passeando pelas cercanias do Amazonas
Conheci vastos seringais
No Pará a Ilha de Marajó
E a velha cabana do Timbó.

Caminhando ainda um pouco mais
Deparei com lindos coqueirais
Estava no Ceará, terra de Irapuã
De Iracema e Tupã.

Fiquei radiante de alegria
Quando cheguei na Bahia
Bahia de Castro Alves, do Acarajé
Das noites de magia do Candomblé
Depois de atravessar as matas do Ipú
Assisti em Pernambuco
A festa do frêvo e do maracatú.

Brasília tem o seu destaque
Na arte, na beleza e arquitetura
Feitiço de garoa pela serra
São Paulo engrandece a nossa terra
Do leste por todo centro oeste
Tudo é belo e tem lindo matiz
O Rio do samba e das batucadas
Dos malandros e mulatas
De requebros febris
Brasil,
Estas nossas verdes matas
Cachoeiras e cascatas
De colorido sútil
E este lindo céu azul de anil
Emolduram aquarela o meu Brasil.
La... la... la, etc.

Gravação ODEON por CHACRINHA

Break, break
MARCHA

51

PISTON Si ♭
CLARINETE Si ♭
SAX TENOR Si ♭

João Roberto Kelly, Chacrinha e Leleco

Bis (Break, break, break
(break, break, legal
(Break, break, break
(P'ra pular no carnaval.

Vem cá, neguinho
Mostra como é que é
Que a gente se entorta todo
Da cabeça até o pé...

52 Aquarela do Brasil
SAMBA ESTILIZADO

Ary Barroso

PISTON Si♭
CLARINETE Si♭
SAX-TENOR Si♭

PISTON Si ♭
CLARINETE Si ♭
SAX-TENOR Si ♭

53

Brasil
Meu Brasil brasileiro
Meu mulato inzoneiro
Vou cantar-te nos meus versos
Ô Brasil, samba que dá
Bamboleio, que faz gingá
Ô Brasil, do meu amor
Terra de Nosso Senhor
Brasil!
Brasil!
Prá mim...
Prá mim...

Ô abre a cortina do passado
Tira a mãe preta do serrado
Bota o rei gongo no congado
Brasil!
Brasil!
Deixa, cantar de novo o trovador
À merencorea luz da lua
Toda canção do meu amor...
Quero, ver a «sá dona» caminhando
Pelos salões arrastando
O seu vestido rendado
Brasil!
Brasil!
Prá mim...
Prá mim...

Brasil
Meu Brasil brasileiro
Meu mulato inzoneiro
Vou cantar-te nos meus versos
Ô Brasil, samba que dá
Bamboleio, que faz gingá
Ô Brasil, do meu amor
Terra de Nosso Senhor
Brasil!
Brasil!
Prá mim...
Prá mim...

Ô esse coqueiro que dá coco
Oi onde amarro a minha rede
Nas noites claras de luar
Brasil!
Brasil!
Ô oi essas fontes murmurantes
Oi onde eu mato minha sede
E onde a lua vem brincá
Oi, esse Brasil lindo e trigueiro
É o meu Brasil brasileiro
Terra de samba e pandeiro
Brasil!
Brasil!
Prá mim...
Prá mim...

54

Gravado pelo B. C. "CACIQUE DE RAMOS" em discos RCA Victor LP
Gravado por GIGI DA MANGUEIRA em discos RCA Victor

Água na Bôca

SAMBA

Melodia { PISTON Si b
CLARINETE Si b
SAX TENOR Si b }

Mendes

(Neste carnaval
Bis (Não quero mais saber
(De brigar com você.

Vamos brincar juntinhos
Água na bôca prá quem ficar sòzinho.

Bis (As nossas brigas não podem continuar
(Porque nosso amor não pode se acabar.

La, la, la, la, la, la, la, la, la, la, ei!!!
La, la, la, la, la, ei!!!
La, la, la, la, la, la, la, la, la...

© Copyright 1964 by IRMÃOS VITALE S/A. Ind. e Com. - São Paulo - Rio de Janeiro - Brasil
Todos os direitos autorais reservados para todos os paises
All rights reserved - International Copyright Secured.

12.394-c

Gravação CONTINENTAL por NOITE ILUSTRADA

Até Quarta-Feira

Marcha-Rancho

Melodia: PISTON Si b / CLARNETE Si b / SAX TENOR Si b

H. Silva e Paulo Sette

Bis:
Lá, lá, lá, lá, lá, lá
Lá, lá, lá, lá, lá, lá
Lá, lá, lá, lá, lá, lá, lá, lá

Êste ano não vai ser
Igual àquêle que passou
Eu não brinquei
Você também não brincou
Aquela fantasia
Que eu comprei ficou guardada
E a sua também, ficou pendurada

Bis:
Mas êste ano, tá combinado
Nós vamos brincar separados.

Se acaso meu bloco
Encontrar o seu
Não tem problema
Ninguém morreu
São três dias de folia e brincadeira
Você prá lá eu prá cá
Até quarta feira.

Bis:
Lá, lá, lá, lá, lá, lá
Lá, lá, lá, lá, lá, lá
Lá, lá, lá, lá, lá, lá, lá, lá

© Copyright 1967 by IRMAOS VITALE S/A. IND. E COM. - São Paulo - Rio de Janeiro - Brasil
Todos os direitos autorais reservados para todos os países
All rights reserved - international Copyright Secured

Atire a Primeira Pedra
(Perdão foi feito pra se pedir)

SAMBA

Melodia: PISTON Si b / CLARINETE Si b / SAX TENOR Si b

Ataulpho Alves e Mario Lago

Bis:
Covarde sei que me podem chamar
Porque não calo no peito essa dôr.
Atire a primeira pedra ai, ai, ai,
Aquêle que não sofreu por amor.

Eu sei que vão censurar
O meu proceder
Eu sei, mulher,
Que você mesma vai dizer
Que eu voltei prá me humilhar
Ai, mas não faz mal
Você pode até sorrir,
Perdão foi feito p'ra gente pedir.

Copyright 1944 by EDITORA TUPY/CEMBRA LTDA.
Todos os direitos autorais reservados para todos os países — All rights reserved.

Gravação COPACABANA por TEREZINHA SODRÉ

Atraz da Banda

MARCHA

Melodia { PISTON Si b
CLARINETE Si b
SAX TENOR Si b }

Vicente Longo, Valdemar Camargo e Verneck

Bis
(Atrás da banda, atrás da banda
(Eu vou, eu vou, eu vou
(Toca, toca a bandinha
(Atrás da banda
(Eu tô na minha.

É, pois é
Desta banda
Cada um faz o que quer
É, pois é
Tem até homem
Fantasiado de mulher.

Baía com H
SAMBA

PISTON Sib
CLARINETE Sib
SAX TENOR Sib

Denis Brean

© Copyright 1947 IRMÃOS VITALE S/A IND. E COM. - SÃO PAULO - RIO DE JANEIRO - BRASIL.
Todos os direitos autorais reservados para todos os países. All rights reserved.

Dá licença, dá licença, meu sinhô
Dá licença, dá licença, pra loiô
Eu sou amante da gostosa Bahia, porém
Pra saber seu segredo, serei baiano também
Dá licença de gostar um pouco só
A Bahia eu não vou roubar, tem dó
Ai! Já disse um poeta
Que terra mais linda não há
Isso é velho, é do tempo
Que a gente escrevia Bahia com H!

Quero ver com meus olhos de amante saudoso
A Bahia do meu coração
Quero ver, Baixa do Sapateiro, Charriou, Barroquinha
Calçada, Tabuão
Sou um amigo que volta feliz
Pra teus braços abertos Bahia!
Sou poeta e não quero ficar assim longe da tua magia
Deixar de ver teus sobrados, igrejas, teus santos, ladeiras
E montes tal qual um postal
Dá licença de rezar pro Senhor do Bonfim
Salve! A santa Bahia imortal!
Bahia dos sonhos mil!
Eu fico contente da vida
Em saber que a Bahia é Brasil!

60

Gravação ODEON por DALVA DE OLIVEIRA

Bandeira Branca
MARCHA

Melodia { PISTON Si b / CLARINETE Si b / SAX TENOR Si b }

Max Nunes e Laércio Alves

(Bandeira branca, amor
Bis (Não posso mais
(Pela saudade que me invade
(Eu peço paz.

Saudade — mal de amor, de amor
Saudade — dor que doi demais
Vem meu amor
Bandeira branca
Eu peço paz.

© Copyright 1969 by IRMÃOS VITALE S. A. Ind. e Com. · São Paulo · Rio de Janeiro · Brasil
Todos os direitos autorais reservados para todos os países
All rights reserved · International Copyright Secured.

BARRACÃO
SAMBA

PISTON
CLARINETE
SAX TENOR

Luiz Antonio e Oldemar Magalhães

Ai! Barracão
Pendurado no morro
E pedindo socorro
À cidade a seus pés!
Ai! Barracão
Tua voz eu escuto
Não te esqueço um minuto
Porque sei que tú és!

Barracão de zinco
Tradição do meu país!
Barracão de zinco
Pobretão, infeliz!

© Copyright 1962 by EDITORA MUSICAL BRASILEIRA LTDA. - RIO DE JANEIRO - BRASIL.
Todos os direitos autorais, execução, tradução e arranjos reservados para todos os países.

Batida diferente

Samba Bossa

PISTON
CLARINETE
SAX TENOR

Durval Ferreira e Maurício Einhorn

Veja como bate engraçado
O meu coração assim
Tum, tum, tum, tum, tum, tum, tum
Tum, tum, tum, tum
Tum, tum, tum, tum, tum, tum
Bate realmente sincopado assim
Tum, tum, tum, tum, tum, tum
Tum, tum, tum, tum, tum, tum
Tum, tum, tum, tum, tum, tum
Tum, tum, tum, tum, tum
Se no coração batida diferente
Faz você vibrar
Eu vou te mostrar
Que no meu coração

O tum, tum, tum, tum
Pode variar

© Copyright 1966 by IRMÃOS VITALE S/A IND. E COM. - SÃO PAULO - RIO DE JANEIRO - BRASIL.
Todos os direitos autorais reservados para todos os países. All rights reserved.

Gravação: WEA - DISCOS por Benito di Paula

BENDITO SEJA
SAMBA

PISTON
CLARINETE
SAX TENOR

Bráulio de Castro e Paulo Elias

(2 vezes)
Bendito seja, bendito seja
O alemão que inventou a cerveja

Um alemão muito louco
Juntou um bocado com outro bocado
Metade disso naquilo
Pingou mais um pouco
E deixou de lado
Foi descansar, ora veja
Sem mesmo saber
Que ele tinha inventado
Todo o prazer da cerveja
Danado de gringo
Que bendito seja

Bendito seja, etc...

Gosto da loura ou pretinha
Que espuma na lata, no copo gelado
Mistura vira mulata que o mundo deseja
E fica vidrado
O nome dele acredite
Não sei era Hans
Ou quem sabe Schmidt
Onde estiver bem esteja
Danado de gringo
Que bendito seja

Bendito seja, etc...

Gravação RCA VICTOR por CHACRINHA

Bota a camisinha
MARCHA

PISTON Si ♭
CLARINETE Si ♭
SAX TENOR Si ♭

João Roberto Kelly, Chacrinha e Leleco

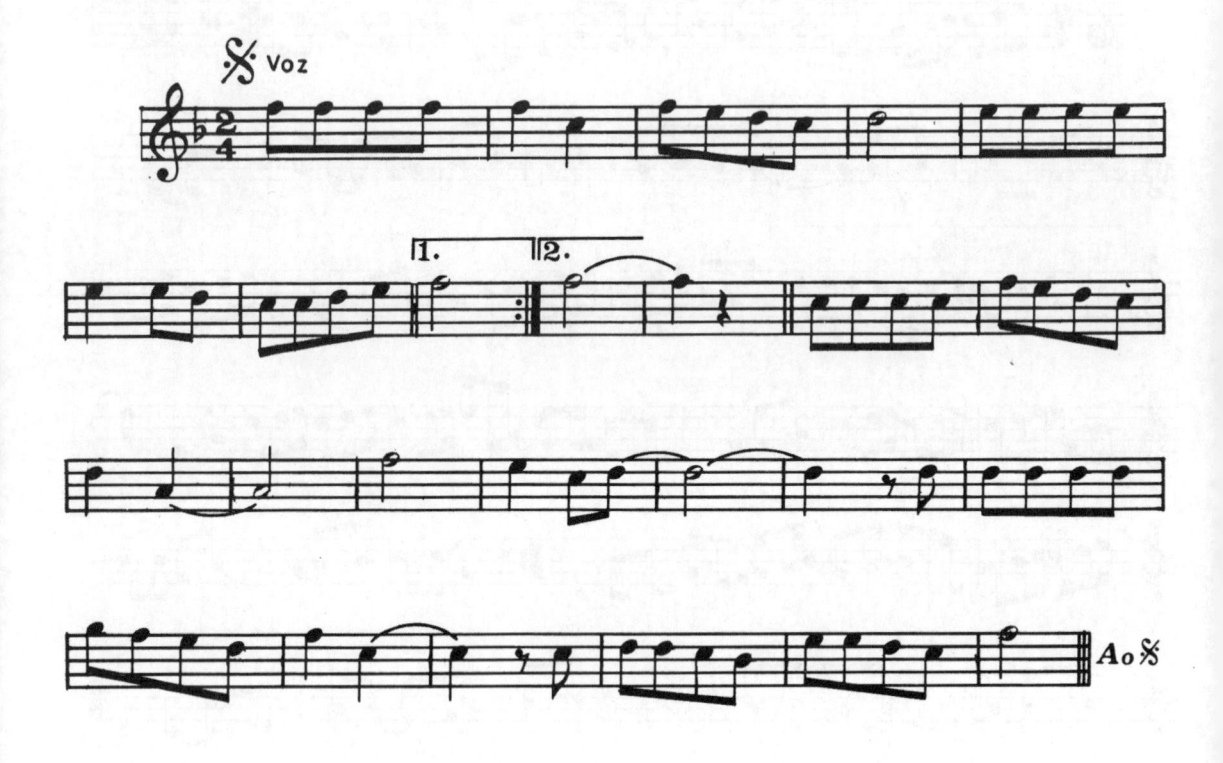

Bis
(Bota a camisinha
(Bota meu amor
(Hoje tá chovendo
(Não vai fazer calor

Bota a camisinha no pescoço
Bota geral
Não quero ver ninguém sem camisinha
Prá não se machucar no carnaval...

PISTON
CLARINETE
SAX TENOR

Gravação ODEON por CARMEN MIRANDA

Camisa Listada
SAMBA-CHORO

Assis Valente

CORO:

Vestiu uma camisa listada e saiu por aí
Em vez de tomar chá com torrada, ele bebeu parati
Levava um canivete no cinto e um pandeiro na mão
E sorria quando o povo dizia
Sossega leão, sossega leão
Tirou o seu anel de doutor para não dar que falar
E saiu dizendo eu quero mamar, mamãe eu quero mamar
Levava um canivete no cinto e um pandeiro na mão
E sorria quando o povo dizia
Sossega leão, sossega leão

Levou meu saco de água quente pra fazer chupeta
Rompeu minha cortina de veludo pra fazer uma saia
Abriu o guarda-roupa e arrancou minha combinação
E até do cabo da vassoura, ele fez um estandarte
Para o seu cordão

Agora que a batucada já vai começando
Não deixo, não consinto
O meu querido debochar de mim
Porque se ele pega as minhas coisas
Vai dar o que falar
Se fantasia de Antonieta
E vai dançar na Bola Preta
Até o sol raiar.

Gravação COPACABANA por BENITO DI PAULA

Charlie Brown
SAMBA

CLARINETE Si b
SAX TENOR Si b
PISTON Si b

Benito Di Paula

Refrão
Eh meu amigo Charlie
Eh meu amigo Charlie Brown, Charlie Brown
Eh meu amigo Charlie
Eh meu amigo Charlie Brown

Se você quiser vou lhe mostrar
A nossa São Paulo terra da garoa
Se você quiser vou lhe mostrar
Bahia de Caetano nossa gente boa
Se você quiser vou lhe mostrar
A Lebre mais Bonita do Imperial
Se você quiser vou lhe mostrar
Meu Rio de Janeiro e o nosso Carnaval
Charlie

Eh meu amigo Charlie, etc.

Se você quiser vou lhe mostrar
Vinícius de Moraes e o som de Jorge Ben
Se você quiser vou lhe mostrar
Torcida do Flamengo coisa igual não tem
Se você quiser vou lhe mostrar
Luiz Gonzaga Rei do meu baião
Se você quiser vou lhe mostrar
Brasil de ponta a ponta do meu coração

Eh meu amigo Charlie, etc.

© Copyright 1974 by GRAÚNA - EDIÇÕES MUSICAIS LTDA. - São Paulo - Brasil
Todos os direitos autorais reservados para todos os paises
All rights reserved - International Copyright Secured.

Cat. 80.115

Gravação COPACABANA por JOEL DE ALMEIDA

Co-co-co-ro-có
MARCHA

Melodia { PISTON Si b / CLARINETE Si b / SAX TENOR Si b }

Joel de Almeida e Leon

Bis (Chegou a hora da folia
(No samba vou me acabar
(Até quarta-feira, Maria
(Depois que o galo cantar.

Bis { Co-co-co-ro-có
Co-co-co-ro-có
Se êsse galo cantar
Eu vou dar um nó.

Colombina Yê-Yê-Yê

Gravação COPACABANA por ROBERTO AUDI

Mini-Marcha

Melodia { PISTON Si b / CLARNETE Si b / SAX TENOR Si b }

João Roberto Kelly e David Nasser

Bis (Colombina, onde vai você
(Eu vou dançar o yê-yê-yê

A «gang» só me chama de palhaço
Palhaço, palhaço
A minha Colombina que é você
Só quer saber de yê-yê-yê.

Copyright 1966 by CEMBRA Ltda. - São Paulo - Brasil
Todos os direitos autorais reservados para todos os países - All Rights Reserved.

Como " vaes " você?

MARCHA

PISTON
CLARINETE
SAX TENOR

Ary Barroso

CORO: (BIS)

Como "vaes" você?
Vou navegando
Vou temperando
Prá baixo todo santo ajuda
Prá cima a coisa toda muda.

No mar desta vida
Vou navegando, vou temperando
O céu às vezes é tão claro
Outras escuro
Claro é o passado - escuro é o futuro

Hoje estou convencida
Quo o segredo principal da vida
Cosiste em não forçar em nada a natureza
Que o resto vem, mas vem...
Que é uma beleza.

© Copyright 1936 by IRMÃOS VITALE S/A IND. E COM. - SÃO PAULO - RIO DE JANEIRO - BRASIL.
Todos os direitos autorais reservados para todos os países. All rights reserved.

70

CONFETI
MARCHA

Melodia: CLARINETE Si b / PISTONS Si b / TENORES Si b

D. Nasser e J. Junior

Bis
Confeti,
Pedacinho colorido de saudade,
Ai, ai, ai, ai,
Ao te vêr na fantasia que usei,
Confeti, confesso que chorei!

Chorei, porque lembrei
O carnaval que passou...
Aquela colombina,
Que comigo brincou!
Ai, ai, Confeti
Saudade do amôr que se acabou...

Coração de Jacaré

Gravação RCA VICTOR por CARLOS GONZAGA

MARCHA

Melodia { PISTON Si b / CLARINETE Si b / SAX TENOR Si b }

J. Nunes e Dom Jorge

Bis (Trocaram o coração da minha sogra
Bis (Puseram o coração no jacaré
(Sabem o que aconteceu?...
(A velha se mandou e o jacaré morreu.

Bis (Ê, ê, ê, ê...
(Coitado do jacaré, como é que é?...

© Copyright 1968 by IRMÃOS VITALE S/A. Ind. e Com. - São Paulo - Rio de Janeiro - Brasil
Todos os direitos autorais reservados para todos os países
All rights reserved - International Copyright Secured.

72

Gravação SAMBANOSSO por CONJUNTO SAMBRASIL

Dança do bole bole
SAMBA

PISTON Si b
CLARINETE Si b
SAX TENOR Si b

João Roberto Kelly

Bis { Gatinha que dança é essa
{ Que o corpo fica todo mole.

Bis { É uma dança nova
{ Que bole bole
{ Que bole bole.

... Gatinha, etc. ...

Bis { Bole, bole, bole Gatinha
{ Bole, bole, bole, bole ...

... Gatinha, etc. ...

© Copyright 1976 by IRMÃOS VITALE S/A. Ind. e Com. - São Paulo - Rio de Janeiro - Brasil
Todos os direitos autorais reservados para todos os países
All rights reserved - International Copyright Secured.

13.109 c

Daqui não saio
MARCHA

Melodia { PISTON Si b / CLARINETE Si b / SAX TENOR Si b }

Paquito e Romeu Gentil

I

Daqui não saio
Daqui ninguem me tira. } Bis

Bis {
Onde é que eu vou morar
O senhor tem paciencia de esperar
Ainda mais com quatro filhos
Aonde é que eu vou parar.

II

Sei que o senhor tem razão
P'ra querer a casa p'ra morar
Mas aonde eu vou ficar
No mundo ninguem perde por esperar
Mas já dizem por aí
Que a vida vae melhorar.

© Copyright 1949 by IRMAOS VITALE S/A. Ind. e Com. - São Paulo - Rio de Janeiro - Brasil
Todos os direitos autorais reservados para todos os paises
All rights reserved - International Copyright Secured.

74

Gravado por GILBERTO ALVES em discos Copacabana

De lanterna na mão
SAMBA

Melodia { PISTON Si b / CLARINETE Si b / SAX TENOR Si b }

Elzo Augusto, J. Saccomani e Jorge Martins

Bis { Eu procurei
De lanterna na mão
Procurei, procurei e achei,
Você para o meu coração. }

Bis { E agora, e agora
Eu vou jogar
A minha lanterna fora. }

Copyright 1960 by CEMBRA Ltda. - São Paulo - Brasil
Todos os direitos autorais reservados para todos os países - All rights reserved

Cembra 252-A

DEIXA ISSO PRA LÁ
SAMBA

PISTON
CLARINETE
SAX TENOR

Edson Meneses e Alberto Paz

2(vezes)
Deixa que digam, que pessem, que falem...
Deixa isso pra lá, vem pra cá, que é que tem
Eu não estou falando nada, você também
Faz mal bater um papo assim gostoso com alguém?

Vai, vai por mim balanço de amor é assim
Mãozinha com mãozinha pra lá
Beijinhos e beijinhos pra cá

Vem dançar, amor é balanceio meu bem
Só vai no meu balanço quem tem
Carinho pra dar.

© Copyright 1964 by TODAMÉRICA MÚSICA LTDA. - RIO DE JANEIRO - BRASIL.
Todos os direitos autorais, execução, tradução e arranjos reservados para todos os países.

Desfolhei a margarida

Gravação COPACABANA por MÁRIO AUGUSTO

MARCHA

Melodia { PISTON Si b / CLARINETE Si b / SAX TENOR Si b

Elzo Augusto, J. Saccomani e Mário Augusto

Bis
Desfolhei a margarida
Prá ver se meu bem me quer
Desfolhei a margarida
Margarida mal-me-quer.

Ai... Margarida
Margarida meu amor
Ai... Margarida
Quero ser teu beija-flôr.

Gravação ODEON por CLARA NUNES

E Baiana
SAMBA

Melodia { PISTON Si b / CLARINETE Si b / SAX TENOR Si b }

Fabrício da Silva, Baianinho, Enio Santos Ribeiro e Miguel Pancracio

    Ê baiana ê ê ê baiana, baianinha
    Ê baiana ê ê ê baiana
    (Baiana boa gosta de samba
Bis (Gosta da roda
    (E diz que é bamba.

    Olha toca a viola que ela quer sambar
    Ela gosta do samba ela quer rebolar
    Toca a viola que ela quer sambar
    Ela gosta do samba ela quer rebolar.
        Breque: Ê baiana...

© Copyright 1971 by IRMAOS VITALE S. A. Ind. e Com. - São Paulo - Rio de Janeiro - Brasil
Todos os direitos autorais reservados para todos os paises
All rights reserved - International Copyright Secured.

78 É Com Esse Que eu Vou

Piston
Clarinete
Tenor

SAMBA

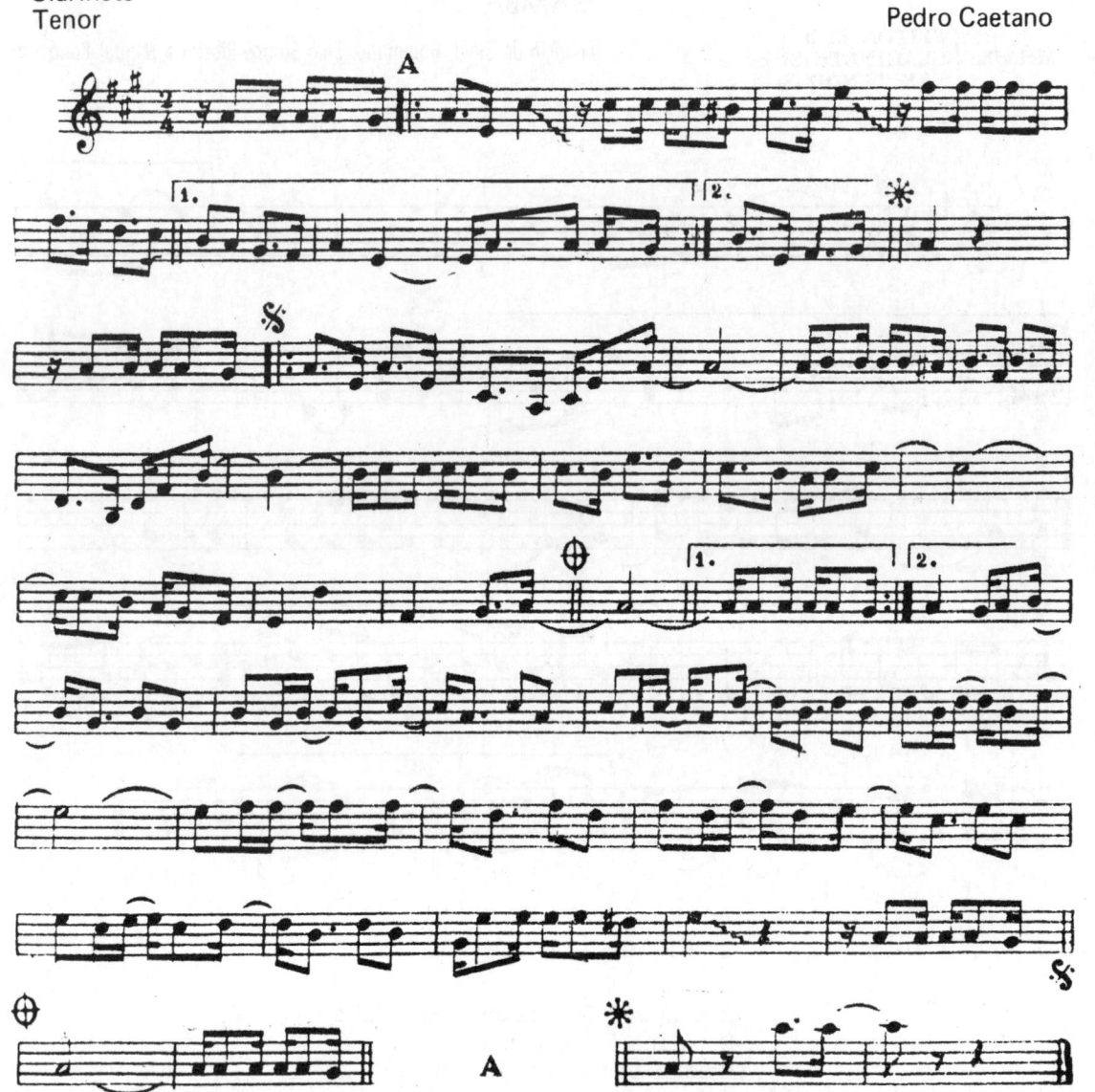

Pedro Caetano

É com esse que eu vou
Sambar até cair no chão
É com esse que eu vou
Desabafar com a multidão
Se ninguém se animar
Eu vou quebrar meu tamborim
Mas se a turma gostar
Vai ser pr'a mim

Quero ver
No ronca-ronca da cuíca
Gente pobre, gente rica
Deputado e Senador
Oi quebra, quebra
Quero ver cabrocha bôa
No piano da patrôa batucando:
"É com esse que eu vou!..."

Copyright 1947 by Todamérica Música Ltda - Rio - Brasil - Cat. 241

Gravação PHILIPS por LENY ANDRADE

Estamos aí

SAMBA

PISTON Si ♭
CLARINETE Si ♭
SAX-TENOR Si ♭

**Mauricio Einhorn, Durval Ferreira
e Regina Werneck**

Só se for agora
A bossa nova vai prosseguir
Todo mundo vai cantar
Nosso samba é demais bossa nova vai mostrar
Que pode arrasar

Se falar de sol, de amor
De mar de luar
E de gente que cantando vai
Gente que só tem na alma
Paz e amor

BIS
E pro mundo todo vai mostrar então
Que a bossa nova cresce
Que a bossa nova vence
Que a bossa nova vale
Estamos aí

(c) Copyright 1969 by Casas Edit. Mus. Reun. Cembra Ltda. S. Paulo - Brasil.
Todos os direitos autorais reservados para todos os países.
All Rights Reserved International Copyright Secured.

80

Estrela do mar
(UM PEQUENINO GRÃO DE AREIA)
MARCHA-RANCHO

PISTON Si ♭
CLARINETE Si ♭
SAX-TENOR Si ♭

M. Pinto e P. Soledade

Um pequenino grão de areia
Que era um pobre sonhador
Olhando o céu viu uma estrela
E imaginou coisas de amôr ô-ô-ô.
Passaram anos, muitos anos
Ela no céu, êle no mar
Dizem que nunca o pobresinho
Poude com ela encontrar.

Si houve ou si não houve
Alguma coisa entre eles dois
Ninguem soube até explicar
O que ha de verdade
É que depois, muito depois
Apareceu a estrela do mar.

© Copyright 1951 by IRMAOS VITALE S/A. Ind. e Com. - São Paulo - Rio de Janeiro - Brasil
Todos os direitos autorais reservados para todos os países
All rights reserved - International Copyright Secured.

Gravação TODAMERICA por ZAIRA

Eu bebo sim
SAMBA

Melodia: PISTON Si b / CLARINETE Si b / SAX TENOR Si b

Luiz Antonio e João do Violão

81

Bis
(Eu bebo sim
(Estou vivendo
(Tem gente
(Que não bebe
(Tá morrendo...
    (Eu bebo sim!).

Tem gente
Que já tá de «pé na cova»
Não bebeu — e isso prova:
A bebida não faz mal
Uma pro santo
Bota o «choro» e a saidera
Desce toda a prateleira
Diz que a vida tá legal.
    (Eu bebo sim!).

Tem gente
Que condena o pileque
Diz que é coisa de moleque
Cafajeste, ou coisa assim
Mas essa gente
Quando tá de «cuca» cheia
Vira «chave de cadeia»
Esvazia o botequim.
    (Eu bebo sim!).

© Copyright 1972 by EDITORA MUSICAL BRASILEIRA LTDA. - Rio de Janeiro - Brasil
Todos os direitos autorais reservados para todos os países - All rights reserved.

Cat. 1.513

EU BRINCO

Gravada por FRANCISCO ALVES discos em ODEON

MARCHA

Melodia { PISTON Si b / CLARINETE Si b / SAX TENOR Si b }

Pedro Caetano e Claudionor Cruz

I.
Bis { Com pandeiro ou sem pandeiro
Ê ê ê ê eu brinco
Com dinheiro ou sem dinheiro
Ê ê ê ê eu brinco.

II.
No céu a lua caminha
Tão triste, sosinha
Pra não ser triste tambem
Com pandeiro ou sem pandeiro meu amor eu brinco

III.
Tudo se acaba na vida
Morena querida
Si o meu dinheiro acabar
Com dinheiro ou sem dinheiro meu amor eu brinco.

© Copyright 1943 by IRMÃOS VITALE S/A. IND. E COM. - São Paulo - Rio de Janeiro - Brasil
Todos os direitos autorais reservados para todos os países
All rights reserved - international Copyright Secured

Eu dei
MARCHA INDISCRETA

PISTON
CLARINETE
SAX TENOR

Ary Barroso

Ela: Eu dei
Ele: O que é que você deu, meu bem
Ela: Eu dei
Ele: Guarde um pouco para mim também
Não sei se você fala por falar, sem meditar
Ela: Eu dei
Ele: Diga logo, diga logo, é de mais
Ela: Não digo, adivinhe se é capaz

Ele: Você deu seu coração
Ela: Não dei, não dei
Ele: Sem nenhuma condição
Ela: Não dei! Não dei!
O meu coração não tem dono
Vive sozinho coitadinho, no abandono.

Ele: Foi um terno e longo beijo
Ela: Se foi, se foi...
Ele: Desses beijos que eu desejo
Ela: Pois foi... pois foi...
Ele: Guarde para mim um zinho
Que mais tarde eu pagarei com um jurinho.

84

Gravado por Jamelão em disco CONTINENTAL

Exaltação à Mangueira

SAMBA

Melodia { PISTON Si b / CLARINETE Si b / SAX TENOR Si b }

Enéas B. da Silva e Aloisio A. da Costa

Bis {
Mangueira teu cenário é uma beleza.
Que a natureza criou, ô... ô...
O morro com seus barracões de zinco
Quando amanhece que esplendor!
Todo mundo te conhece ao longe
Pelo som de teus tamborins
E o rufar de teu tambôr.
Chegou, ô.. .ô... ô...
A Mangueira chegou, ô... ô...
}

Mangueira teu passado de glória
Está gravado na história
É verde-rosa a côr da tua bandeira
P'rá mostrar a esta gente
Que o samba é lá em Mangueira.

Exaltação a Tiradentes

85

Piston
Clarinete
Tenor

SAMBA

Mano Décio da Viola, Penteado e Estanislau Silva

Joaquim José da Silva Xavier
Morreu a 21 de Abril
Pela Independencia do Brasil.
Foi traído, e não traiu jamais
O inconfidente de Minas Gerais...

Joaquim José da Silva Xavier
Era o nome de Tiradentes.
Foi sacrificado pela nossa liberdade...
Este grande heroi
Para sempre há de ser lembrado
      La la la la la...

Copyright by 1972 Todamérica Música Ltda. cat. 1545

86

Gravação ODEON por PAULINHO DA VIOLA
Gravação COPACABANA por TRIO ABC

Foi um rio que passou em minha vida

SAMBA-ENREDO

Melodia { PISTON Si b / CLARINETE Si b / SAX TENOR Si b }

Paulinho da Viola

© Copyright 1970 by IRMÃOS VITALE S. A. Ind. e Com. - São Paulo - Rio de Janeiro - Brasil
Todos os direitos autorais reservados para todos os países
All rights reserved - International Copyright Secured.

Gravação ODEON por PAULINHO DA VIOLA
Gravação COPACABANA por TRIO ABC

Foi um rio que passou em minha vida
SAMBA

Paulinho da Viola

Se um dia,
Meu coração fôr consultado
Para saber se andou errado
Será difícil negar
Meu coração tem mania de amor
Amor não é fácil de achar.

Bis { A marca dos meus desenganos
Ficou, ficou
Só um amor pode apagar.

Porém ah! porém
Há um caso diferente
Que marcou num breve tempo
Meu coração para sempre
Era dia de carnaval
Eu carregava uma tristeza
Não pensava em nôvo amor
Quando alguém que não me lembro
Anunciou
Portela! Portela!
O samba trazendo alvorada
Meu coração conquistou
Ah! minha Portela
Quando vi você passar
Senti meu coração apressado
Todo meu corpo tomado
Minha alegria voltar
Não posso definir aquele azul
Não era do céu, nem era do mar.

Bis { Foi um rio que passou em minha vida
E meu coração se deixou levar.

88

Gravação POLYGRAM por EDUARDO DUSEK

Folia no matagal
MARCHA

PISTON
CLARINETE
SAX TENOR

Eduardo Dusek e Luiz Carlos Góes

La-ra-ra
La-ra-ra
La-ra-ra-ra-ra-ra-ra-ra (2 vezes)

(2 vezes)
O mar passa saborosamente
A lingua na areia
Que se debocha
Cínica que é
Permite deleitada esses abusos do mar

Por tras de uma folha de palmeira
A lua poderosa
Mulher muito fogosa

(2 vezes)
Vem nua, vem nua
Sacudindo e brilhando inteira

Palmeiras se abraçam fortemente
Suspiram, dão gemidos, soltam ais
A outro coqueiro que o olha sonhador
Um coqueirinho pergunta docemente

Você me amará eternamente?
Ou amanhã tudo já se acabou?

(2 vezes)
Nada acabará, grita o matagal
Nada ainda começou

Imagina... são dois coqueirinhos
Ainda em botão
Não conhecem ainda o que é uma paixão

E lá em cima a lua
Já virada em mel
Olha a natureza
Se amando ao léu

(2 vezes)
E louca de desejo
Fulgura num lampejo
E rubra se entrega ao céu...

Falsa Baiana
SAMBA

PISTON
CLARINETE
SAX TENOR

Geraldo Pereira

Baiana que entra na roda, só fica parada
Não canta, não samba, não bole nem nada
Não sabe deixar a mocidade louca
Baiana é aquela que entra no samba
De qualquer maneira, que mexe, remexe
Dá nó das cadeiras
E deixa a moçada com água na boca...

A falsa baiana quando cai no samba
Ninguém se incomoda, ninguém bate palma
Ninguém abre a roda, ninguém grita obá!
Salve a Baia, sinhô!
Mais a gente gosta quando uma baiana
Quebra direitinho de cima em baixo
Revira os olhinhos, e diz eu sou filha
De São Salvador.

© Copyright 1944 by IRMÃOS VITALE S/A IND. E COM. - SÃO PAULO - RIO DE JANEIRO - BRASIL.
Todos os direitos autorais reservados para todos os países. All rights reserved.

Gravação CONTINENTAL por ZÉZINHO

Garôta de Saint Tropez
MARCHA

Melodia { PISTON Si b
CLARINETE Si b
SAX TENOR Si b }

João de Barro e Jota Júnior

(Ulalá... Ulalá...
Bis (Você é mais você
(Com umbiguinho de fora,
(Garôta de Saint Tropez.

Laranja da Bahia
Tem umbiguinho de fora...
Porque é que você, Maria,
Escondeu o seu até agora...

Garôta do Ipê

Gravação ODEON por JOÃO DIAS

MARCHA

Melodia { PISTON Si b / CLARNETE Si b / SAX TENOR Si b }

Elzo Augusto, Rodrigues Filho e Gentil Castro

Bis (Garota do Ipê
(Eu vou pular só com você

Si você chegar roxinha
No meu carnaval
Eu vou tirar casquinha
De você no Municipal.

Bis (Garota do Ipê
(Vou pular só com você.

GENERAL DA BANDA
BATUCADA

PISTON
CLARINETE
SAX TENOR

José Alcides, Tancredo Silva e
Satyro de Mello

BIS (Chegou General da Banda
    (Ê ê
    (Chegou General da Banda
    (Ê á

    (Mourão, Mourão,
    (Vara madura que não cai
BIS (Mourão, Mourão
    (Catuca por baixo,
    (Que ele vai.

© Copyright by TODAMÉRICA MÚSICA LTDA. - RIO DE JANEIRO - BRASIL.
Todos os direitos autorais, execução, tradução e arranjos reservados para todos os países.

Gravação POLYDOR por TIM MAIA

Gostava tanto de você

PISTON
CLARINETE
SAX TENOR

Edson Trindade

Nem sei porque você se foi
Quantas saudades eu senti
E de tristezas vou viver
E aquele adeus não pude dar
Você marcou na vida vida
Viveu, morreu na minha história
Chego a ter medo do futuro
E da solidão que em minha porta bate

E eu gostava tanto de você
Gostava tanto de você.

Eu corro, fujo desta sombra
Em sonho vejo este passado
E na parede do meu quarto
Ainda está o seu retrato
Não quero ver pra não lembrar
Pensei até em me mudar
Lugar qualquer que não exista
O pensamento em você

E eu gostava tanto de você
Gostava tanto de você.

© Copyright 1973 by IRMÃOS VITALE S/A IND. E COM. - SÃO PAULO - RIO DE JANEIRO - BRASIL.
Todos os direitos autorais reservados para todos os países. All rights reserved.

Grau 10...

MARCHA

PISTON
CLARINETE
SAX TENOR

Lamartine Babo e Ary Barroso

(2 VEZES)
A vitória há de ser tua
Tua... tua...
Moreninha prosa!
Lá no céu... a própria lua
A lua... a lua...
Não é mais formosa!
Rainha da cabeça aos pés
Morena eu te dou grau "dez"

O inglês... diz " Yes, my baby"
O alemão... diz " Yá corração"
O francês... diz " Bon jour, mon amour"
Trés bien! Trés bien! Trés bien!

O argentino... Ao te ver tão bonita...
Toca um tango, e só diz: Milonguita...
O chinês... diz que diz, mas não diz...
Pede bis... Pede bis... Pede bis...

© Copyright 1934 by IRMÃOS VITALE S/A IND. E COM. - SÃO PAULO - RIO DE JANEIRO - BRASIL.
Todos os direitos autorais reservados para todos os países. All rights reserved.

3255

Heróis da Liberdade

PISTON
CLARINETE
SAX TENOR

Gravação PHILIPS por Jair Rodrigues

SAMBA-ENREDO

Silas de Oliveira, Mano Décio e Manoel Ferreira

Ô ô ô ô ô ô ô
Ô ô ô ô ô ô ô
Liberdade Senhor.

Passava noite, vinha dia
O sangue do negro corria dia a dia
De lamento em lamento
De agonia em agonia, ele pedia
O fim da tirania

Lá em Vila Rica, junto ao Largo da Bica
Local da opressão, a fiel maçonaria
Com sabedoria deu sua decisão ra... ra... ra...
Com flores e alegria veio a abolição
A Independência Laureando o seu brasão
Ao longe soldados e tambores, alunos e professores
Acompanhados de clarim cantavam assim:

Já raiou a liberdade, já raiou
Esta brisa que a juventude afaga
Esta chama que o ódio não apaga
Pelo universo, é a evolução, em sua legítima razão
Samba, o samba presta homenagem aos heróis da liberdade.

98

Gravada por ARRELIA em discos COPACABANA LP

Hino do Carnaval Brasileiro
MARCHA

Melodia { PISTON Si b / CLARINETE Si b / SAX TENOR Si b }

Lamartine Babo

Salve a Morena
A côr morena do Brasil fagueiro!
Salve o pandeiro
Que desce o morro prá fazer a marcação...
São! São! São! São!
500 mil morenas!
Loiras-côr de laranja - 100 mil...
Salve! Salve!
Meu carnaval, Brasil!

Salve a Loirinha!
Dos olhos verdes - côr das nossas matas
Salve a Mulata!
— Côr do café
— A nossa grande produção!...
São! São! São! São!
500 mil morenas!
Loiras - côr de laranja - 100 mil...
Salve! Salve!
Meu carnaval, Brasil!

© Copyright 1938 by IRMÃOS VITALE S/A. IND. E COM. - São Paulo - Rio de Janeiro - Brasil
Todos os direitos autorais reservados para todos os países
All rights reserved - international Copyright Secured

Hino do Grêmio Foot-ball Portoalegrense

Lupicínio Rodrigues

PISTON Sib
CLARINETE Sib
SAX TENOR Sib

REFRÃO:

Até a pé nós iremos
Para o que der e vier
Mas o certo é que nós estaremos
Com o Grêmio onde o Grêmio
estiver

Cinqüenta anos de glória
Fez imortal tricolor
Os feitos da tua história
Contam-lhe o grande valor

REFRÃO:

Nós somos bons torcedores
Sem hesitarmos sequer
Aplaudiremos o Grêmio
Aonde o Grêmio estiver

REFRÃO:

Hino Rubro-Negro
(Oficial do C. R. Flamengo)

Gravação COPACABANA por JOÃO DIAS

Melodia: PISTON Si b / CLARINETE Si b / SAX TENOR Si b

Paulo de Magalhães

Bis
: Flamengo! Flamengo!
  Tua glória é lutar.
  Flamengo! Flamengo!
  Campeão de terra e mar

Bis
: Saudemos todos com muito ardor
  O pavilhão do nosso amor!
  Prêto encarnado, idolatrado,
  De mil campeões, o vencedor!

Bis
: Lutemos sempre com valor infindo,
  Ardentemente, com denodo e fé!
  Que o seu futuro ainda será mais lindo,
  Que o presente que tão lindo é!

Copyright 1956 by IRMÃOS VITALE S/A. Ind. e Com. - São Paulo - Rio de Janeiro - Brasil
Todos os direitos autorais reservados para todos os países — All rights reserved.

11.271

Gravação ARIOLA por NEY MATOGROSSO

Homem com "H"

MARCHA

PISTON SI b
CLARINETE SI b
SAX-TENOR SI b

Antônio Barros

101

(Nunca vi rastro de cobra
(Nem couro de lobisomem
(Se correr o bicho pega
Bis (Se ficar o bicho come
(Porque eu sou é homem
(Porque eu sou é homem
(Porque eu sou é homem
(Porque eu sou é homem
　　(E como sou).

Quando eu estava pra nascer
De vez em quando eu ouvia
Eu ouvia mãe dizer
Ai meu Deus como eu queria
Que este cabra fosse homem
Cabra macho pra daná
Ai mamãe aqui estou eu
Mamãe aqui estou eu
Sou homem com «H»
　　(E como sou).

Eu sou homem com «H»
E com «H» sou muito homem
Se você quer duvidar
Pode ver pelo meu nome
Já tô quase namorando
Namorando pra casar
A Maria diz que eu sou
Maria diz que eu sou
Sou homem com «H»
　　(E como sou).

© Copyright 1974 by EDITORA MUSICAL «RENASCENÇA» LTDA. - São Paulo - Rio de Janeiro - Brasil
Todos os direitos autorais reservados para todos os países
All rights reserved - International Copyright Secured

102

PISTON
CLARINETE
SAX TENOR

Gravado por Coro Odeon em disco ODEON

Império do Samba

SAMBA

Zé da Zilda e Zilda

(2 vezes)
Venhor do lado de lá
Minha gente chegou
Chegou querendo abafar
Ai! ai! ai! ai! ai!
O doutor mandou
Todo mundo gingar.

Chegou o império do samba
Agora o samba vai imperar
Ai! ai! ai! ai! ai!
O doutor mandou
Todo mundo gingar.

Homenagem dos Autores ao grande amigo CARLOS RIBEIRO
Gravação C B S por EMILINHA BORBA

103

ISRAEL
MARCHA

Melodia { PISTON Si b / CLARINETE Si b / SAX TENOR Si b }

João Roberto Kelly e Rachel

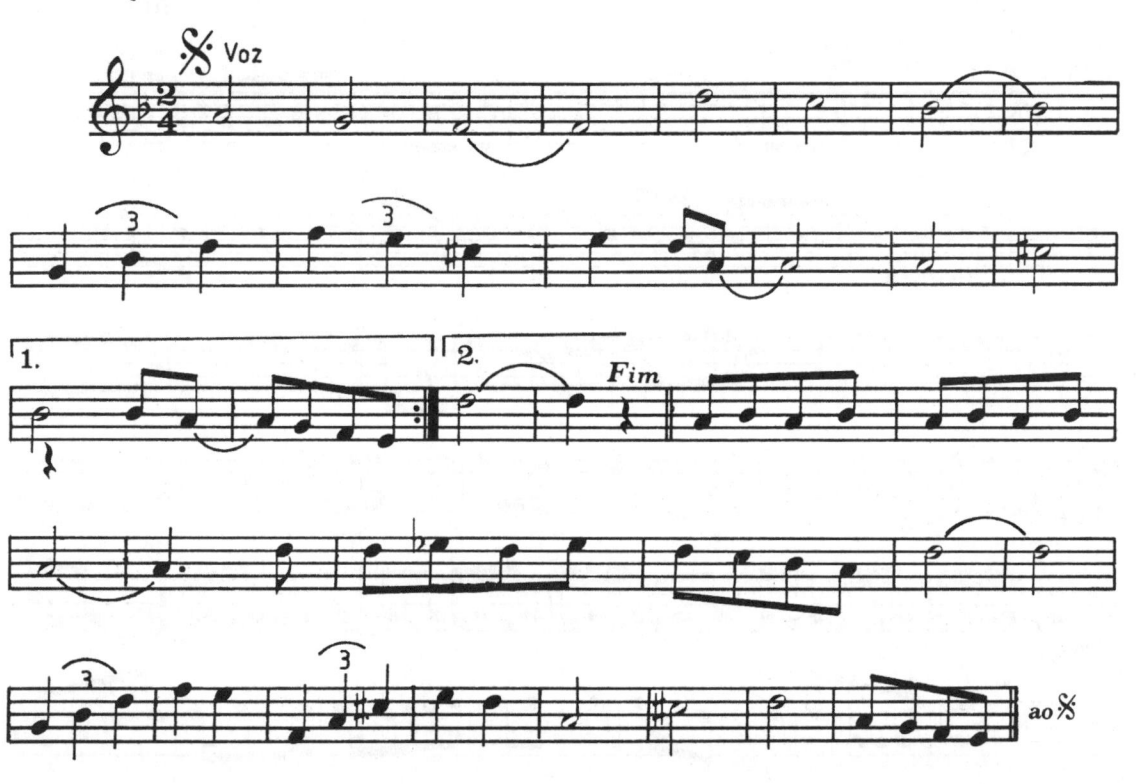

Bis { Israel / Israel / Uma canção, uma lágrima / Israel.

Um violinista no telhado
Tocando a canção que vem do céu
Meu sentimento, minha saudade
Israel.

104

Gravação SOM LIVRE por CAETANO VELOSO

Isto aqui o que é?
SAMBA

PISTON Si ♭
CLARINETE Si ♭
SAX TENOR Si ♭

Ary Barroso

Bis (Isto aqui - ô ô
(É um pouquinho de Brasil, Yáyá
(Deste Brasil que canta e é feliz
(Feliz
(Feliz
(É também um pouco de uma raça
(Que não tem medo de fumaça, ai, ai
(E não se entrega não.

Olha o jeito nas cadeiras que ela sabe dar
Olha o tombo nos quadris que ela sabe dar
Olha o passo do batuque que ela sabe dar
Olha só o remelexo que ela sabe dar
(Morena boa
(Que me faz chorar
(Põe a sandália de prata   Bis
(E vem p'rô samba sambar.

© Copyright 1941 by IRMÃOS VITALE S/A. IND. E COM. - São Paulo - Rio de Janeiro - Brasil
Todos os direitos autorais reservados para todos os países.
All rights reserved - International Copyright Secured.

7.048-c

Gravado por Carmen Costa e Mirabeau em Discos Copacabana

JARRO DA SAUDADE
SAMBA

Melodia { PISTON Si b / CLARINETE Si b / SAX TENOR Si b }

Daniel Barbosa, Mirabeau e Geraldo Blota

Ele { Iáia cadê o jarro? / O jarro que eu plantei a flôr? }

Ela { Eu vou lhe contar um caso: / Eu quebrei o jarro e matei a flôr. } Bis

Ele e Ela { Que maldade!... Que maldade!... / Vôce bem sabia / No jarro de barro / Eu plantei a saudade!... } Bis

© Copyright 1955 by IRMÃOS VITALE S/A. Ind. e Com. - São Paulo - Rio de Janeiro - Brasil
Todos os direitos autorais reservados para todos os países
All rights reserved - International Copyright Secured.

106

Gravada por JORGE GOULART em discos Copacabana

Joga a Chave, Meu Amor!
MARCHA

Melodia { PISTON Si b
CLARINETE Si b
SAX TENOR Si b }

João Roberto Kelly e J. Ruy

Iê, iê, iê, iê, iê, iê, iê, iê,
Iê, iê, iê, iê, iê, iê, iê, iê.

Bis (Joga a chave, meu amor
(Não chateia, por favor.

Tô bebendo pela aí
Tô sonhando com você.

Iê, iê, iê, iê, iê, iê, iê, iê,
Iê, iê, iê, iê, iê, iê, iê, iê.

© Copyright 1964 by IRMÃOS VITALE S/A. Ind. e Com. - São Paulo - Rio de Janeiro - Brasil
Todos os direitos autorais reservados para todos os países
All rights reserved · International Copyright Secured.

PISTON
CLARINETE
SAX TENOR

Gravação W. BROS. por AS FRENÉTICAS

Jou-Jou e Balagandans
MARCHA

Lamartine Babo

Jou-Jou... Jou-Jou...
O que é, meu balagandans?
Aqui estou eu
Aí... estás tu...
Minha Jou-Jou
Meu balagandans
Nós dois, depois?
O sol do amor, que manhãs...
De braços dados...
Dois namorados
Já sei!...
Jou-Jou!...
Balagandans!...

(2 vezes)
Seja em Paris
Ou nos Brasis
Mesmo distantes
Somos constantes
Tudo nos une...
Que coisa rara!...
No amor... nada nos separa...

© Copyright 1939 by IRMÃOS VITALE S/A IND. E COM. - SÃO PAULO - RIO DE JANEIRO - BRASIL.
Todos os direitos autorais reservados para todos os países. All rights reserved.

108

Gravação ODEON por PAULINHO DA VIOLA

Jurar com Lágrimas

SAMBA

PISTON
CLARINETE
SAX TENOR

Paulinho da Viola

© Copyright 1968 by IRMÃOS VITALE S/A IND. E COM. - SÃO PAULO - RIO DE JANEIRO - BRASIL.
Todos os direitos autorais reservados para todos os países. All rights reserved.

12804-c

109

(2 vezes)
Jurar com lágrimas
Que me ama não adianta nada
Eu não vou acreditar
É melhor nos separar.

Não pode haver felicidade
Se não há sinceridade
Dentro do nosso lar
Se aquele amor não morreu
Não precisa me enganar
Que seu coração é meu.

Leão do mar

Hino do Santos F. C.
Gravação RGE por Orquestra e Côro

MARCHA

PISTON Si ♭
CLARINETE Si ♭
SAX TENOR Si ♭

Maugeri Neto e Maugeri Sobrinho

(Torcida) - Santos! Santos!
Gollllllll ! ! ! ! ! !

Agora quem dá bola é o Santos
O Santos é o novo campeão
Glorioso alvi-negro praiano,
Campeão absoluto deste ano.

Santos, Santos
Sempre Santos
Dentro ou fora do «alçapão»
Jogue onde jogar,
És o «Leão do Mar»
Salve o novo campeão ! ! !

© Copyright 1956 by IRMÃOS VITALE S/A. Ind. e Com. - São Paulo - Rio de Janeiro - Brasil
Todos os direitos autorais reservados para todos os países
All rights reserved - International Copyright Secured.

Gravação RCA VICTOR por SILVIO CALDAS

Linda Lourinha
MARCHA

Melodia { PISTON Si b / CLARINETE Si b / SAX TENOR Si b }

João de Barro

111

Bis
(Lourinha, lourinha;
(Dos olhos claros de cristal;
(Desta vez, em vez da moreninha,
(Serás a rainha do meu Carnaval.

Loura boneca
Que vens de outra terra,
Que vens de Inglaterra,
Ou que vens de Paris.
Quero te dar
O meu amor mais quente,
Do que o sol ardente
Dêste meu país.

Linda lourinha,
Tens o olhar tão claro,
Dêste azul tão raro
Como um céu de anil,
Mas tuas faces,
Vão ficar morenas,
Como as das pequenas
Dêste meu Brasil.

© Copyright 1933 by IRMÃOS VITALE S. A. Ind. e Com. - São Paulo - Rio de Janeiro - Brasil
Todos os direitos autorais reservados para todos os países - All rights reserved.

2.214-c

MAL - ME - QUER
MARCHA

Melodia { PISTON Si b / CLARINETE Si b / SAX TENOR Si b }

Christovão de Alencar e Newton Teixeira

Eu perguntei a um mal-me quer
Si meu bem ainda me quer
E ele então me respondeu que não
Chorei, mas depois eu me lembrei
Que a flôr tambem é uma mulher
Que nunca teve coração.

A flôr-mulher
Iludiu meu coração
Mas, meu amor
É uma flôr ainda em botão
O seu olhar
Diz que ela me quer bem
O seu amôr,
E só meu, de mais ninguem!...

© Copyright 1939 by IRMÃOS VITALE S/A. Ind. e Com. - São Paulo - Rio de Janeiro - Brasil
Todos os direitos autorais reservados para todos os países
All rights reserved - International Copyright Secured.

Cat. 4451-c

Gravação COPACABANA por CELSO TEIXEIRA

113

Marcha da cueca
MARCHA

Melodia { PISTON Si b
CLARINETE Si b
SAX TENOR Si b }

Carlos Mendes, Livardo Alves e Sardinha

(Eu mato
Bis (Eu mato
(Quem roubou minha cueca
(Prá fazer pano de prato.

(Minha cueca
Bis (Tava lavada
(Foi um presente
(Que eu ganhei da namorada.

© Copyright 1971 by IRMAOS VITALE S. A. Ind. e Com. - São Paulo - Rio de Janeiro - Brasil
Todos os direitos autorais reservados para todos os países
All rights reserved - International Copyright Secured.

114

Gravada em discos RCA Victor por CARMEM COSTA

Marcha do Cordão da Bola Preta
(SEGURA A CHUPETA)

Melodia { PISTON Si b / CLARINETE Si b / SAX TENOR Si b }

Vicente Paiva e Nelson Barboza

Bis {
Quem não chora não mama...
Segura, meu bem... a chupeta!
Lugar quente é na cama...
Ou, então, no «Bola Preta».
}

— Vem no «Bola», meu bem... (Bis)
— Uma alegria infernal... (Bis)
— Todos são de coração... (Bis)
Foliões do carnaval...
Sensacional!...

© Copyright 1961 by CEMBRA Ltda. - São Paulo - Brasil
Todos os direitos autorais reservados para todos os países - All rights reserved

Gravação ODEON por CHACRINHA

Marcha do Salim
MARCHA

PISTON Si ♭
CLARINETE Si ♭
SAX TENOR Si ♭

João Roberto Kelly, Chacrinha, Leleco e Don Carlos

(Ê, ê, ê, Salim
Bis (Segura as contas
(No fim do mês pra mim...

Eu tou te devendo
Você tá danado da breca
Só eu acertando
Os treze na loteca.

Ê Salim...

116

Marchinha do Grande Galo
MARCHA

Melodia { PISTON Si b / CLARINETE Si b / SAX TENOR Si b }

Lamartine Babo e Paulo Barbosa

I

O Galo de noite cantou,
Toda a gente quiz ver
O que aconteceu!
Nervoso, o galinho respondeu:
Có, có, có, có, có, có, có, ró,
A galinha morreu!

II

A minha vizinha tambem,
Certa noite gritou,
Toda a gente acordou!
Nervoso, o marido respondeu:
Có, có, có, có, có, có, có, ró,
Hoje o Galo sou eu!

Bis { Có, có, có, có, có, có, ró! / Có, có, có, có, có, có, ró! / O Galo tem saudade / Da galinha carijó! }

© Copyright 1937 by IRMÃOS VITALE S/A. Ind. e Com. - São Paulo - Rio de Janeiro - Brasil
Todos os direitos autorais reservados para todos os países
All rights reserved - International Copyright Secured.

Gravação TOP TAPE por CHACRINHA

Maria sapatão
MARCHA

Melodia { PISTON Si b / CLARINETE Si b / SAX TENOR Si b }

Roberto, Don Carlos, Chacrinha e Leleco

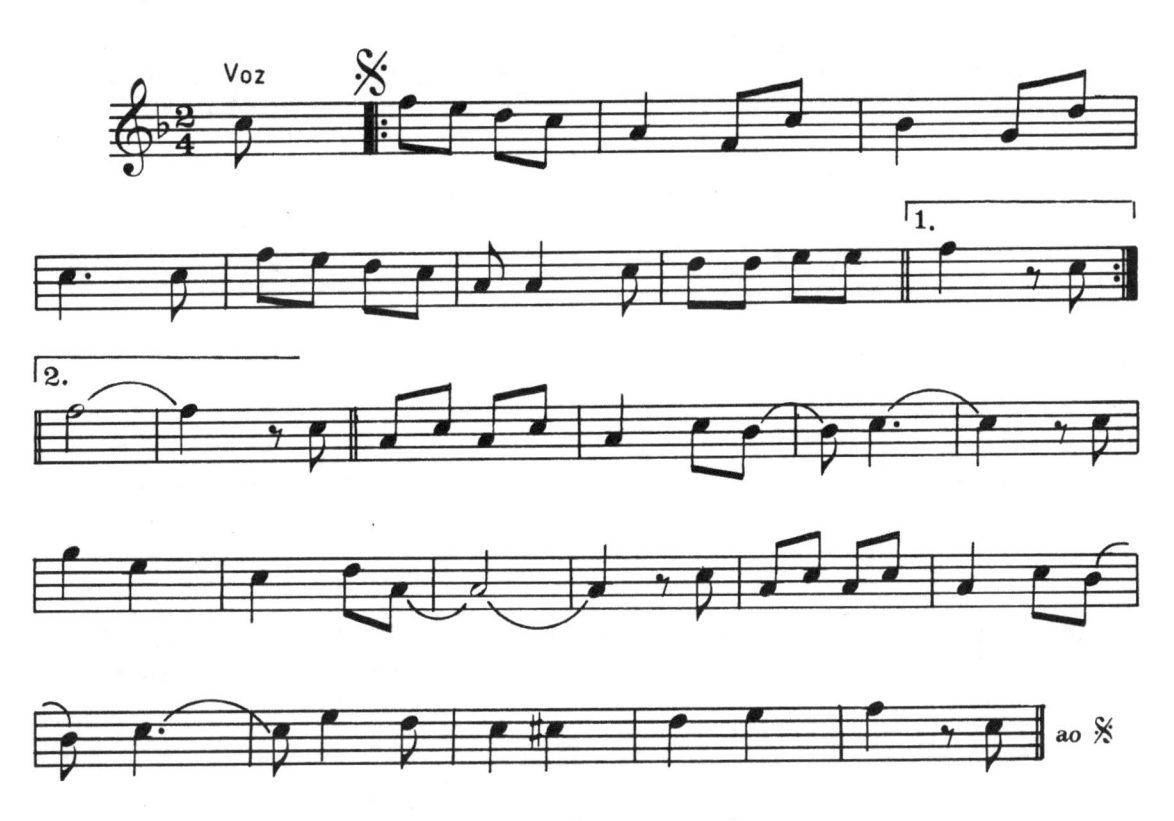

(Maria sapatão
Bis (Sapatão sapatão
(De dia é Maria
(De noite é João.

O sapatão está na moda
O mundo aplaudiu
É um barato é um sucesso
Dentro e fora do Brasil...

118

Gravação ODEON por CHACRINHA

Menino "gay"

MARCHA

PISTON SI ♭
CLARINETE SI ♭
SAX-TENOR SI ♭

João Roberto Kelly, Chacrinha, Don Carlos e Leleco

Bis
(Esse menino é «Gay»
(«Gay», «Gay», «Gay»...
(É bonitinho
(Sabe tudo que eu não sei...

Um dia ele é gatinho
O outro ele é gatão
Pior que tem um bigodinho
De machão, de machão, de machão...

© Copyright 1981 by IRMÃOS VITALE S/A. Ind. e Com. - São Paulo - Rio de Janeiro - Brasil
Todos os direitos autorais reservados para todos os países
All rights reserved - International Copyright Secured

Milagre do Viagra

MARCHA

PISTON
CLARINETE
SAX TENOR

Chiquinho e Homero Ferreira

(2 vezes)
Tá... Tá muito bom
Se ficar melhor estraga
Velho e com disposição
É o milagre do viagra...

Ele andava deprimido
Cabisbaixo e sem moral
Mas bastou um comprimido
Prá levantar seu astral...
E o Bilau!

Tá... Tá muito bom etc...

120

PISTON
CLARINETE
SAX TENOR

Morena, Boca de Ouro
SAMBA

Ary Barroso

Morena, boca de ouro que me faz sofrer
O teu jeitinho é que me mata
Roda morena, cai não cai
Ginga morena, vai não vai
Samba morena, e me desacata
Morena, uma brasa viva pronta pra queimar
Queimando a gente sem clemencia
Roda morena, cai não cai
Ginga morena, vai não vai
Samba morena, com malevolência.

Meu coração é um pandeiro
Marcando o compasso de um samba feiticeiro
Samba que mexe com a gente
Samba que zomba da gente.
O amor é um samba tão diferente
Morena samba no terreiro
Pisando sestrosa, vaidosa meu coração
Morena, tem pena
De mais um sofredor que se queimou
Na brasa viva do teu amor.

© Copyright 1941 by IRMÃOS VITALE S/A IND. E COM. - SÃO PAULO - RIO DE JANEIRO - BRASIL.
Todos os direitos autorais reservados para todos os países. All rights reserved.

6888

Gravada por EMILINHA BORBA em discos CBS

Mulata, iê, iê, iê
MARCHA

Melodia { PISTON Si b / CLARINETE Si b / SAX TENOR Si b }

João Roberto Kelly

121

Bis
(Mulata bossa-nova
(Caiu no hully-gully
(E só dá ela
(Iê, iê, iê, iê, iê, iê, iê, iê...
(Na passarela.

A boneca está
Cheia de fiu-fiu
Esnobando as louras
E as morenas
Do Brasil.

© Copyright 1964 by IRMAOS VITALE S/A. Ind. e Com. - São Paulo - Rio de Janeiro - Brasil
Todos os direitos autorais reservados para todos os paises
All rights reserved · International Copyright Secured.

12.376-c

Na Baixa do Sapateiro
SAMBA-JONGO

PISTON
CLARINETE
SAX TENOR

Ary Barroso

Ai, o amô, ai, ai
Amô, bobage que a gente não explica, ai, ai
Prova um bocadinho, oi

E pro resto da vida
É um tal de sofrê
O la-rá, o le-rê
Oi Bahia, ai, ai
Bahia que não me sai do pensamento
Faço o meu lamento, oi
Na desesperança, oi
De encontrá pr'esse mundo
O amô que eu perdi na Bahia
Vô contá:

Na Baixa do Sapateiro encontrei um dia
O mulato mais frajola da Bahia
Pediu-me um beijo, não dei...
Um abraço, sorri...
Pediu-me a mão, não quis dar, fugi...
Bahia, terra da felicidade
Moreno...
Eu ando louca de saudade
Meu Sinhô do Bomfim
Arranje um moreno igualzinho
Pra mim...

© Copyright 1950 by IRMÃOS VITALE S/A IND. E COM. - SÃO PAULO - RIO DE JANEIRO - BRASIL.
Todos os direitos autorais reservados para todos os países. All rights reserved.

123

Gravação PHILIPS por ALCIONE

PISTON
CLARINETE
SAX TENOR

Não deixe o Samba Morrer

SAMBA

Edson e Aloísio

(2 vezes)
Não deixe o samba morrer
Não deixe o samba acabar
O morro foi feito de samba
De samba pra gente sambar

(2 vezes)
Quando eu não puder pisar mais na avenida
Quando as minhas pernas não puderem aguentar
Levar meu corpo junto com meu samba
O meu anel de bamba, entrego a quem mereça usar.

Eu vou ficar no meio do povo espiando
Minha escola perdendo ou ganhando
Mais um carnaval
Antes de me despedir
Deixo ao sambista mais novo
O meu pedido final
Antes de me despedir
Deixo ao sambista mais novo
O meu pedido final

Não deixe a samba morrer etc...

Não Tenho Lágrimas

Gravado por JORGE VEIGA em discos Copacabana

SAMBA

Melodia: PISTON Si b / CLARINETE Si b / SAX TENOR Si b

Max Bulhões e Milton de Oliveira

Quero chorar
Não tenho lágrimas
Que me rolem nas faces
P'ra me socorrer
Se eu chorasse
Talvez desabafasse
O que sinto no peito
E não posso dizer
Só porque não sei chorar
Eu vivo triste a sofrer.

Estou certo que o riso
Não tem nenhum valor
A lágrima sentida
É o retrato de uma dor
O destino assim quis
De mim te separar
Eu quero chorar, não posso.
Vivo a implorar.

© Copyright 1937 by IRMÃOS VITALE S/A. Ind. e Com. - São Paulo - Rio de Janeiro - Brasil
Todos os direitos autorais reservados para todos os países
All rights reserved - International Copyright Secured.

Gravação COPACABANA por MARIO PEREIRA

Ninguém tasca
(O GAVIÃO)
SAMBA

Melodia: PISTON Si b / CLARINETE Si b / SAX TENOR Si b

Mário Pereira e João Quadrado

Vou dar bolacha
Em quem mexer com a minha nêga
Já dei colher demais
Agora chega
Há dez mulheres
Para cada um no Rio de Janeiro.

Bis (A nêga é minha
(Ninguém tasca eu vi primeiro.

Quando ela andava naquela
Pindaíba que fazia gosto
Não havia nenhum «matusquela»
Querendo olhar pra seu rosto
Hoje ela anda bonita
Vive no meu barracão.

(Um dois três
Bis (Fica assim de gavião
(O meu barraco
(Fica assim de gavião.

© Copyright 1972 by IRMAOS VITALE S. A. Ind. e Com. - São Paulo - Rio de Janeiro - Brasil
Todos os direitos autorais reservados para todos os países
All rights reserved · International Copyright Secured.

126

OH! BELA
Frêvo canção

PISTON
CLARINETE
SAX TENOR

Capiba

© Copyright 1969 by MELODIAS POPULARES LTDA. - RIO DE JANEIRO - BRASIL.
Todos os direitos autorais, execução, tradução e arranjos reservados para todos os países.

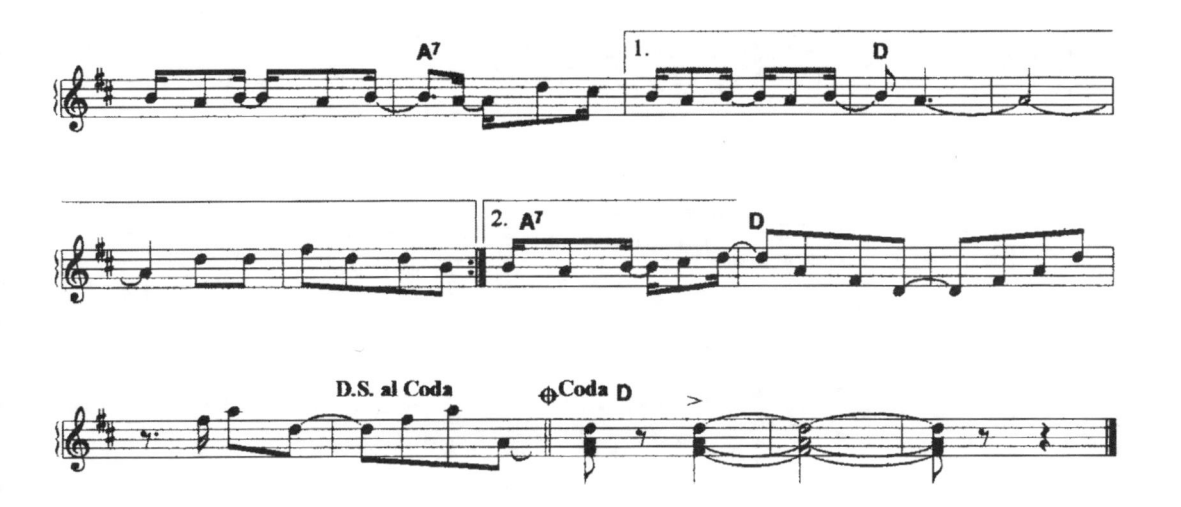

BIS
(Você diz que ela é bela
(Ela é bela sim senhor
(Ôi poderia ser mais bela
(Se ela tivesse o meu amor
    (Meu amor)

Bela é toda a natureza - óh bela
Bela é tudo o que é belo - óh bela O
sorriso da criança
O perfume de uma rosa
E que fica na lembrança

Belo é ver o passarinho - óh bela
Todo o mundo se amando
Com amor e com carinho
Um sorrindo outro chorando
De amor, de amor

128

PISTON
CLARINETE
SAX TENOR

O Circo
CANÇÃO

Sidney Miller

Vai, vai, vai, começar a brincadeira
Tem charanga tocando a noite inteira
Vem, vem, vem ver o circo de verdade
Tem, tem, tem picadeiro e qualidade.

Corre, corre minha gente
Que é preciso ser esperto
Quem quiser que vá na frente
Vê melhor quem vê de perto
Mas no meio da folia
É noite alta, céu aberto
Sopra o vento que protesta
Cai o teto, rompe a lona
Pra que a lua de carona
Também possa ver a festa.

Vai, vai, vai etc.

Bem me lembro o trapezista
Que mortal era seu salto
Balançando lá no alto
Parecia de brinquedo
Mas fazia tanto medo
Que o Zezinho do trombone
De renome consagrado
Esquecia o próprio nome
E abraçava o microfone
Pra tocar o seu dobrado.

Vai, vai, vai etc.

Faço versos pro palhaço
Que na vida já foi tudo
Foi soldado, carpinteiro
Seresteiro, vagabundo
Sem juiz e seu juízo
Fez feliz a todo mundo
Mas no fundo não sabia
Que em seu rosto coloria
Todo encanto do sorriso
Que seu povo não sorria.

Vai, vai, vai etc.

De chicote, cara feia,
Domador fica mais forte
Meia volta, volta e meia
Meia vida, meia morte
Terminado seu batente
De repente a fera some
Domador que era valente
Noutra esfera se consome
Seu amor indiferente
Sua vida e sua fome.

Vai, vai, vai etc.

Fala o fole da sanfona
Fala a flauta pequenina
Que o melhor vai vir agora
Que desponta a bailarina
Que seu corpo é de senhora
Que seu rosto é de menina
Quem chorava já não chora
Quem cantava desafina
Porque a dança só termina
Quando a noite for embora.

Vai, vai, vai terminar a brincadeira
Que a charanga tocou a noite inteira
Morre o circo renasce na lembrança
Foi-se embora, e eu ainda era criança.

130

No tabuleiro da baiana

Samba-Jongo

Melodia { PISTON Si b / CLARINETE Si b / SAX TENOR Si b }

Ary Barroso

No tabuleiro da baiana tem

Vatapá, oi!
Carurú, oi!
Munguzá, oi!
Tem umbú, oi!
Prá loiô.

E se eu pedir, você me dá
O seu coração,
Seu amor de laiá.

No coração da baiana tem

Sedução
Cangerê,
Ilusão,
Candomblê.

Prá você.

Juro por Deus,
Pro meu Sinhô do Bonfim,
Quero você,
Baianinha,
Inteirinha
Prá mim.

Sim, mas depois
O que será de nós dois,
Seu amor
É fugaz,
Enganador.

Tudo já fiz
Fui até num cangerê
Prá ser feliz
Meus trapinhos juntar com você.

Vou me passar,
Vai ser mais uma ilusão
No amor
Quem governa é o coração.

© Copyright 1936 by Irmãos Vitale, Editôres - São Paulo - Rio de Janeiro - Brasil
Todos os direitos autorais reservados para todos os países - All rights reserved

5604-c

131
Gravada por CASTRO BARBOSA em discos VICTOR

O teu cabelo não néga
MARCHA

Melodia { PISTON Si b / CLARINETE Si b / SAX TENOR Si b }

Adaptação de Lamartine Babo sôbre motivo da marcha "MULATA" dos Irmãos Valença

BIS {
O teu cabelo não néga
Mulata,
Porque és mulata na côr...
Mas como a côr não péga
Mulata,
Mulata eu quero o teu amôr!...
}

Tens um sabôr
Bem do Brasil...
Tens a alma côr de anil
Mulata, mulatinha meu amôr,
Fui nomeado o teu tenente interventor!

Quem te inventou
Meu pancadão,
Teve uma consagração...
A lua te invejando fez careta
Porque, mulata, tu não és deste planeta!

Quando meu bem
Vieste a terra,
Portugal declarou guerra!
A concorrencia, então, foi colossal:
Vasco da Gama contra o Batalhão Naval!

(c) Copyright da marcha "MULATA" by Irmãos Vitale, Ind. e Com. Ltda.
Copyright da adaptação de Lamartine Babo by Editorial Mangione S/A., sucessora de E. S. Mangione, São Paulo, Rio de Janeiro, Brasil - All rights reserved.

132

PISTON
CLARINETE
SAX TENOR

Gravada por ARACY DE ALMEIDA em discos ODEON

O Circo vem aí

MARCHA

Haroldo Lobo, Milton de Oliveira e Carvalhinho

(2 vezes)
Ai, o circo vem aí
Quem chora tem que rir
Com tanta palhaçada
Tem hindú que come fogo
Fakir que come prego
Mulher que engole espada.

Tem um leão, tem um elefante
Tem um anão, que levanta um gigante.

(2 vezes)
Tá na hora
Ora bota o palhaço pra fora

© Copyright 1948 by IRMÃOS VITALE S/A IND. E COM. - SÃO PAULO - RIO DE JANEIRO - BRASIL.
Todos os direitos autorais reservados para todos os países. All rights reserved.

8424

Gravado por JORGE VEIGA e CARMEN COSTA em disco COPACABANA

OBSESSÃO

SAMBA

Melodia { PISTON Si b / CLARINETE Si b / SAX TENOR Si b

Mirabeau e Milton de Oliveira

BIS
(Você robou meu socêgo
(Você robou minha paz
(Com você eu vivo a sofrer
(Sem você vou sofrer muito mais.

Já não é amor
Já não é paixão
O que eu sinto por você
É obsessão...

© Copyright 1955 by IRMAOS VITALE S/A. Ind. e Com. · São Paulo · Rio de Janeiro · Brasil
Todos os direitos autorais reservados para todos os países
All rights reserved · International Copyright Secured.

134

Gravação CONTINENTAL por CÉLIA

PISTON
CLARINETE
SAX TENOR

Onde estão os Tamborins
SAMBA

Pedro Caetano

(2 vezes)
Mangueira
Onde é que estão os tamborins, ó nega
Viver somente do cartaz não chega
Põe as pastoras na avenida
           breque: Mangueira querida

Antigamente havia grande escola
Lindos sambas do Cartola
Um sucesso de Mangueira
Mas hoje o silêncio é profundo
E por nada deste mundo
Eu consigo ouvir Mangueira.

© Copyright 1946 by IRMÃOS VITALE S/A IND. E COM. - SÃO PAULO - RIO DE JANEIRO - BRASIL.
Todos os direitos autorais reservados para todos os países. All rights reserved.

8120

Gravação ODEON por CHACRINHA

Pacotão
SAMBA

PISTON Si ♭
CLARINETE Si ♭
SAX TENOR Si ♭

João Roberto Kelly, Chacrinha, Leleco e Don Carlos

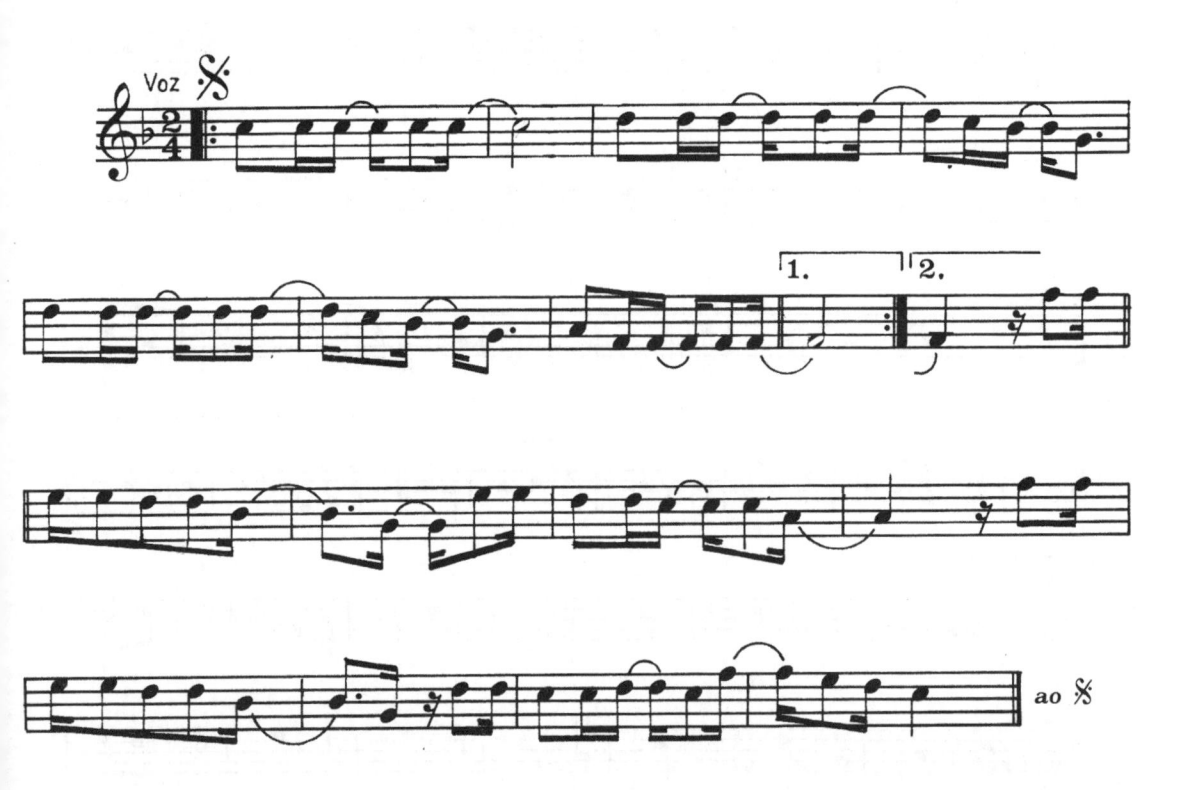

    (Olha o pacotão
    (Olha o pacotão da nêga
Bis (Olha o pacotão da nêga
    (Olha o pacotão...

Essa nêga na avenida
causa grande confusão
A galera fica louca
E se esquece da inflação.

Olha aí...

© Copyright 1983 by IRMÃOS VITALE S/A. Ind. e Com. - São Paulo - Rio de Janeiro - Brasil
Todos os direitos autorais reservados para todos os países
All rights reserved - International Copyright Secured.

136

Gravada por AFRANIO RODRIGUES em discos ODEON

Papai é o maior

MARCHA

PISTON Si b
CLARINETE Si b
SAX TENOR Si b

Felisberto Martins

Bis
{
Papai é o maior...
Papai é que é o tal
Que coisa louca
Que coisa rara
Papai não respeita cara!...
}

Até o meu brotinho
Diz que o velho é bonitão
Porque o meu velhinho
Tem dinheiro e posição.

© Copyright 1953 by IRMÃOS VITALE S/A. Ind. e Com. - São Paulo - Rio de Janeiro - Brasil
Todos os direitos autorais reservados para todos os países
All rights reserved · International Copyright Secured.

9949-c

Gravação COPACABANA por CLOVIS BORNAY

Paz e amor
MARCHA

Melodia { PISTON Si b / CLARINETE Si b / SAX TENOR Si b }

João Roberto Kelly e Toninho

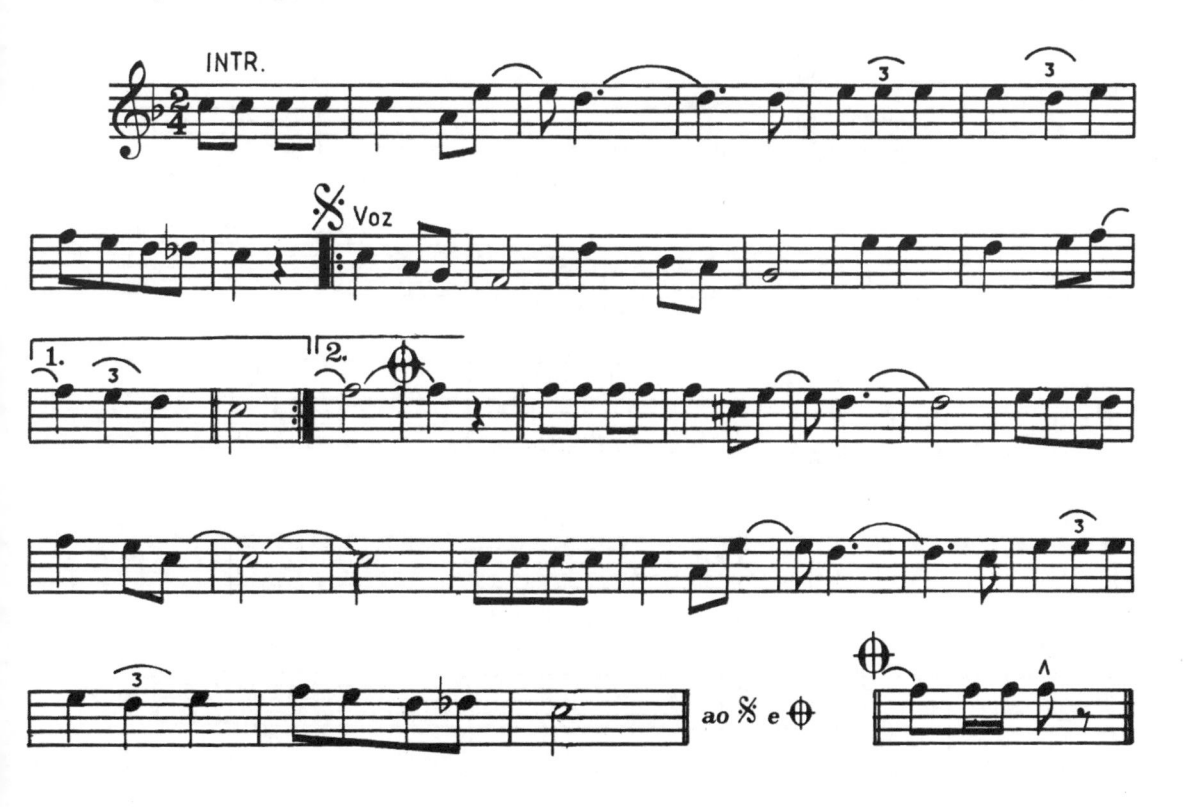

137

(Paz e amor
Bis (Paz e amor
(Guerra não senhor.
    Breque: Não senhor...

Todo mundo é meu amigo
Todo mundo é meu irmão
Quem quiser falar comigo
Levanta dois dedos na mão.
    Breque: E diz assim...

© Copyright 1971 by IRMAOS VITALE S. A. Ind. e Com. - São Paulo - Rio de Janeiro - Brasil
Todos os direitos autorais reservados para todos os países
All rights reserved - International Copyright Secured.

12.916-c

138

Gravação POLYGRAM por GAL COSTA

Pegando fogo
MARCHA

PISTON SI ♭
CLARINETE SI ♭
SAX-TENOR SI ♭

José Maria de Abreu e Francisco Mattoso

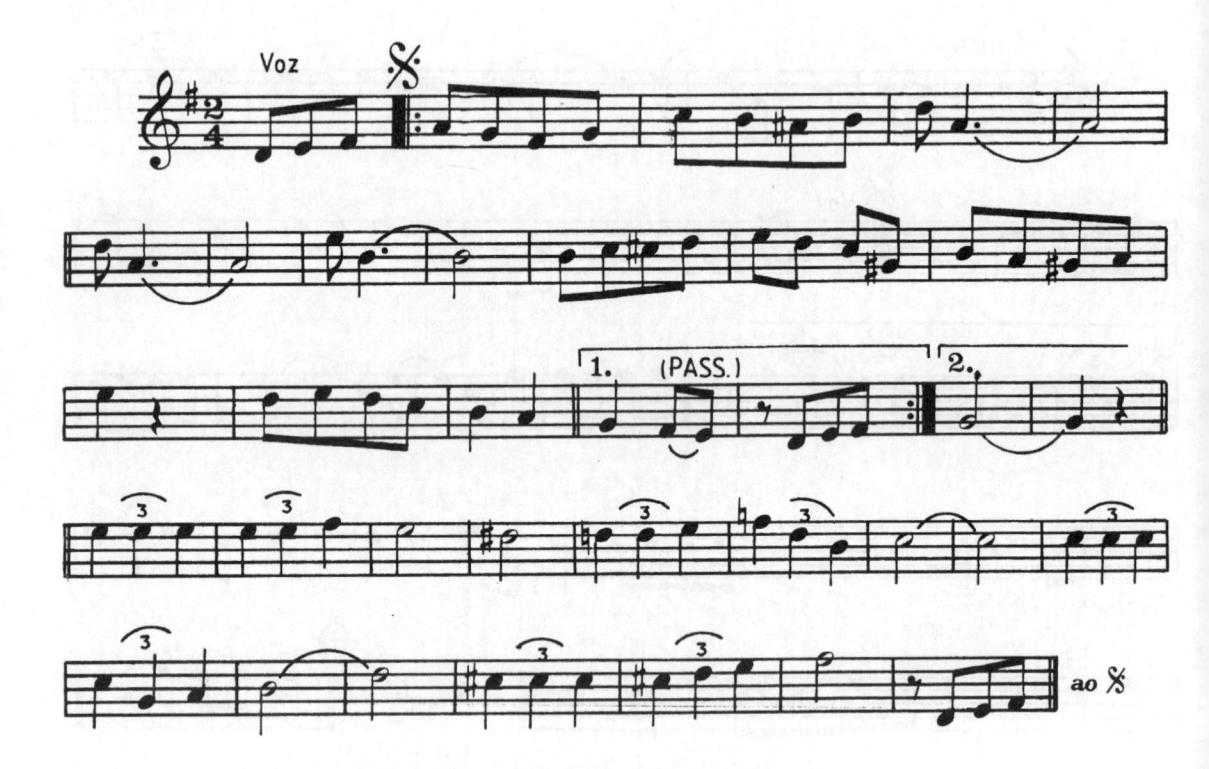

(Meu coração amanheceu pegando fogo
(Fogo!!!... Fogo!!!...
Bis (Foi uma morena que passou perto de mim
(E que me deixou assim!...

I

Morena boa que passa
Com sua graça infernal
Mexendo com nossa raça
Deixando a gente até mal...

II

Mande chamar o bombeiro
Pra esse fogo apagar
Se ele não vem ligeiro
Nem cinzas vai encontrar...

© Copyright 1938 by IRMÃOS VITALE S/A. Ind. e Com. - São Paulo - Rio de Janeiro - Brasil
Todos os direitos autorais reservados para todos os países
All rights reserved - International Copyright Secured

PERIQUITINHO VERDE
MARCHA

Melodia: PISTON Si b / CLARINETE Si b / SAX TENOR Si b

Nássara e Sá Roris

BIS
Meu periquitinho verde
Tire a sorte por favor
Eu quero resolver
Este caso de amor
Pois si eu não caso
Neste caso eu vou morrer.

SÓLO
O que eu não quero
É depois de me casar
Ouvir a filharada
Noite e dia a me amolar
Pois eu juro que não tenho paciencia
De aturar:
"Mamãe eu quero mamar"

140

PESCADOR
MARCHA

Melodia { PISTON Si b / CLARINETE Si b / SAX TENOR Si b }

Haroldo Lobo e Milton de Oliveira

Bis {
Domingo é dia de pescaria, oi
Lá vou eu de caniço e samburá
Maré está cheia
Fico na areia
Porque na areia dá mais peixe que no mar.
}

Todo o bom pescador ama o sol
Todo o bom pescador pesca em pé
Não precisa pescar de anzol
É só com os olhos feito jacaré - é.

141

PIRATA DA PERNA DE PAU
MARCHA

PISTON
CLARINETE
SAX TENOR

João de Barro

Bis (Eu sou o pirata da perna de pau
    (Do olho de vidro
    (Da cara de mau

Minha galera
Dos verdes mares não teme o tufão
Minha galera
Só tem garotas
Na guarnição
Por isso se outro pirata
Tenta abordagem eu pego o facão
E grito do alto da popa:
Opa! Homem não ...

© Copyright by EDITORA MUSICAL BRASILEIRA LTDA. - RIO DE JANEIRO - BRASIL.
Todos os direitos autorais, execução, tradução e arranjos reservados para todos os países.

142

Gravação SOM LIVRE por RONALDO RESEDÁ no LP - Plumas e Paetês

Plumas e Paetês

PISTON
CLARINETE
SAX TENOR

Eduardo Dusek e Luiz Carlos Góes

Você sabe, você sabe
Qual é a ultima moda da terra
Você sabe, você sabe
O que é o grito, o que choca, o que berra

Meu bem agora o corte é profundo
Essa é a nova moda do mundo
Trocar de roupa é como trocar de marido
Pois o amor não vale mais que um vestido

Refrão: Você sabe, você sabe, etc...

Bainhas largas com pouca costura
Já que a ultima é a abertura
E se torture naquele macacão
Já que o quente é a ilusão...

Muita touca, muita cara de modelo
Se não você acaba nua em pelo
E vê se faz aquela boca ao desfilar
Talvez até você se torne superstar...

144

PRA FRENTE, BRASIL
Hino

PISTON
CLARINETE
SAX TENOR

Miguel Gustavo

© Copyright 1970 by TODAMÉRICA EDIÇÕES LTDA. - RIO DE JANEIRO - BRASIL.
Todos os direitos autorais, execução, tradução e arranjos reservados para todos os países.

145

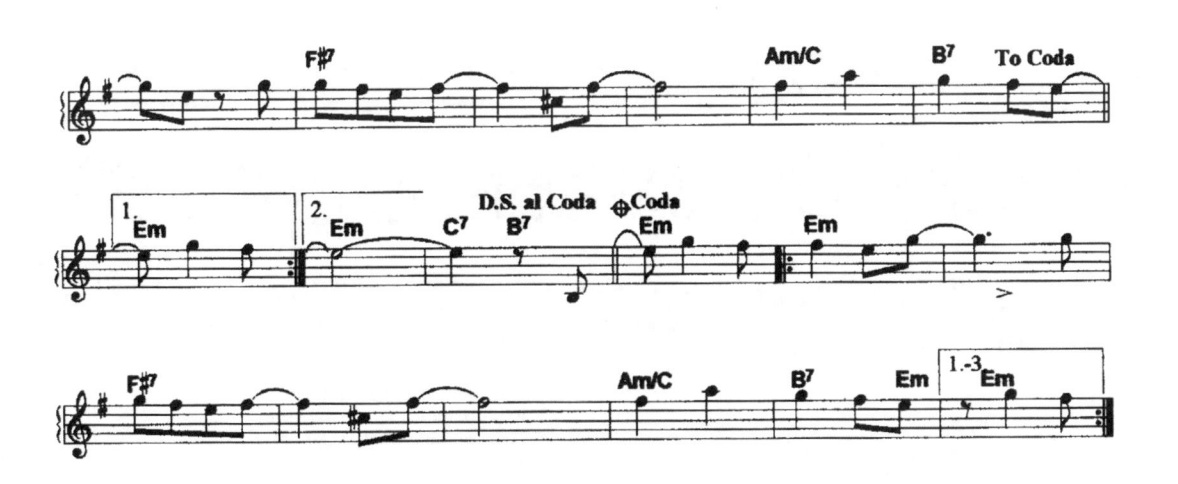

Noventa milhões em ação
P'ra frente Brasil
Do meu coração
Todos juntos vamos
P'ra frente Brasil
Salve a seleção

De repente é aquela
Corrente pra frente
Parece que todo
Brasil deu a mão
Todos ligados
Na mesma emoção
Tudo é um só coração

BIS (Todos juntos vamos
    (P'ra frente Brasil, Brasil
    (Salve a seleção .

146

Pra que dinheiro
PARTIDO ALTO

PISTON
CLARINETE
SAX TENOR

Martinho da Vila

REFRÃO:
BIS
Dinheiro, pra que dinheiro
Se ela não me dá bola
Em casa de batuqueiro
Só quem fala alto é viola

Venha depressa, correndo pro samba
Porque a lua já vai se mandar
Venha depressa, correndo pro samba
Porque a lua já vai se mandar

Afina logo a sua viola
E canta samba até o sol raiar

REFRÃO:

Aquela mina não quis me dar bola
Eu tinha tanta grana pra lhe dar
Aquela mina não quis me dar bola
Eu tinha tanta grana pra lhe dar

Chegou um cara com uma viola
E ela logo começou bolar

REFRÃO:

Eu era um cara muito solitário
Não tinha mina pra me namorar
Eu era um cara muito solitário
Não tinha mina pra me namorar

Depois que eu comprei uma viola
Arranjo nega de qualquer lugar

REFRÃO:

Eu tinha grana, me levaram a grana
Fiquei quietinho, nem quis reclamar
Eu tinha grana, me levaram a grana
Fiquei quietinho, nem quis reclamar

Mas se levarem a minha viola
Me segura pois eu vou brigar

REFRÃO:

Eu fui num samba na casa do Noca
Faltou viola pra me acompanhar
Eu fui nem samba na casa do Noca
Faltou viola pra me acompanhar

Mas de repente chegou um cavaco
Fiquei a noite inteira a versar

REFRÃO:

© Copyright 1968 by IRMÃOS VITALE S/A IND. E COM. - SÃO PAULO - RIO DE JANEIRO - BRASIL.
Todos os direitos autorais reservados para todos os países. All rights reserved.

Pra seu governo

SAMBA

Melodia: PISTON Si b / CLARINETE Si b / SAX TENOR Si b

Haroldo Lobo e Milton de Oliveira

I

Bis:
Você não é mais meu amôr
Porque vive a chorar
"Prá seu governo"
Já tenho outra em seu lugar.

II

Pedi para voltar
Porém você não me atendeu
Agora o nosso amôr
"Prá seu governo" já morreu.

© Copyright 1950 by IRMÃOS VITALE S/A. Ind. e Com. - São Paulo - Rio de Janeiro - Brasil
Todos os direitos autorais reservados para todos os países
All rights reserved - International Copyright Secured.

148

Rancho da Praça Onze

PISTON
CLARINETE
SAX TENOR

MARCHA-RANCHO

João Roberto Kelly e Francisco Anizio

149

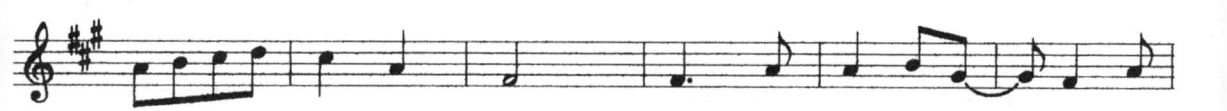

I
Esta é a Praça Onze tão querida
Do carnaval a própria vida
Tudo é sempre carnaval
Vamos ver desta praça a poesia
E sempre em tom de alegria
Fazê-la internacional!

II
A praça existe, alegre ou triste
Em nossa imaginação
A praça é nossa, e como é nossa
No Rio quatrocentão

I bis
Este é o meu Rio, boa praça
Simbolizando nesta praça
Tantas praças que ele tem
Vamos da Zona Norte à Zona Sul
Deixar a vida toda azul
Mostrar da vida o que faz bem.

Final
Praça Onze! Praça Onze! Praça Onze!

150

Gravação WEA por GILBERTO GIL

Pula, caminha
MARCHA

PISTON Si b
CLARINETE Si b
SAX TENOR Si b

Marino Pinto e Manezinho Araujo

Pula, caminha, não pode parar
Pula, caminha, que eu quero passar
Pula, morena, que eu quero vêr
Ficar parada assim é que não pode ser.

Eu também brincar não queria
Sem querer entrei na folia
Vou me esbaldar p'rá valer
Ficar parada assim é que não pode ser.

© Copyright 1952 by Irmãos Vitale - Editores - São Paulo - Rio de Janeiro - Brasil
Todos os direitos autorais reservados para todos os paises - All rights reserved.

PISTON
CLARINETE
SAX TENOR

Gravação RCA VICTOR por Mario Reis

Rasguei a Minha Fantasia

MARCHA

Lamartine Babo

151

BIS:
Rasguei a minha fantasia
O meu palhaço cheio de laço e balão
Rasguei a minha fantasia
Guardei os guisos no meu coração.

Fiz palhaçada o ano inteiro sem parar
Dei gargalhada com tristeza no olhar...
A vida é assim - A vida é assim
O pranto é livre - eu vou desabafar.

Tentei chorar, niguém no choro acreditou
Tentei amar e o amor não chegou
A vida é assim - A vida é assim
Comprei uma fantasia de Pierrot.

© Copyright 1934 by IRMÃOS VITALE S/A IND. E COM. - SÃO PAULO - RIO DE JANEIRO - BRASIL.
Todos os direitos autorais reservados para todos os países. All rights reserved.

5112

152

PISTON
CLARINETE
SAX TENOR

Recife
FREVO-CANÇÃO

Antonio Maria

Ô, ô saudade, saudade tão grande
Saudade que sinto do clube das Pás
Dos Vassouras, passistas traçando tesouras
Das ruas repletas de lá, batidas de bombo
São maracatus retardados
Chegando à cidade cansados
Com seus estandartes no ar

Não adianta se o Recife está longe
Se a saudade é tão grande
Que eu até me embaraço
Parece que eu vejo
Walfrido Cebola no passo
Haroldo, Fatia, Colaço
Recife está perto de mim.

© Copyright 1951 by IRMÃOS VITALE S/A IND. E COM. - SÃO PAULO - RIO DE JANEIRO - BRASIL.
Todos os direitos autorais reservados para todos os países. All rights reserved.

Gravada por Zé e Ziida em disco ODEON

RESSACA
MARCHA

Melodia { PISTON Si b / CLARINETE Si b / SAX TENOR Si b

Zé da Zilda e Zilda

153

BIS
(Tá todo mundo de Ressaca
(Ressaca, ressaca, ressaca,
(Ninguém aguenta mais
(Eu vou mandar parar
(Vai todo mundo p'rá casa curar.

Sei que você gosta muito dela
Mas é bom que não esqueça
Ela não é amiga
Desce p'rá barriga
Depois sóbe p'rá cabeça.

© Copyright 1954 by IRMÃOS VITALE S/A. IND. E COM. - São Paulo - Rio de Janeiro - Brasil
Todos os direitos autorais reservados para todos os países
All rights reserved - international Copyright Secured

10.315-c

154

Réu Confesso
Soul music

PISTON
CLARINETE
SAX TENOR

Tim Maia

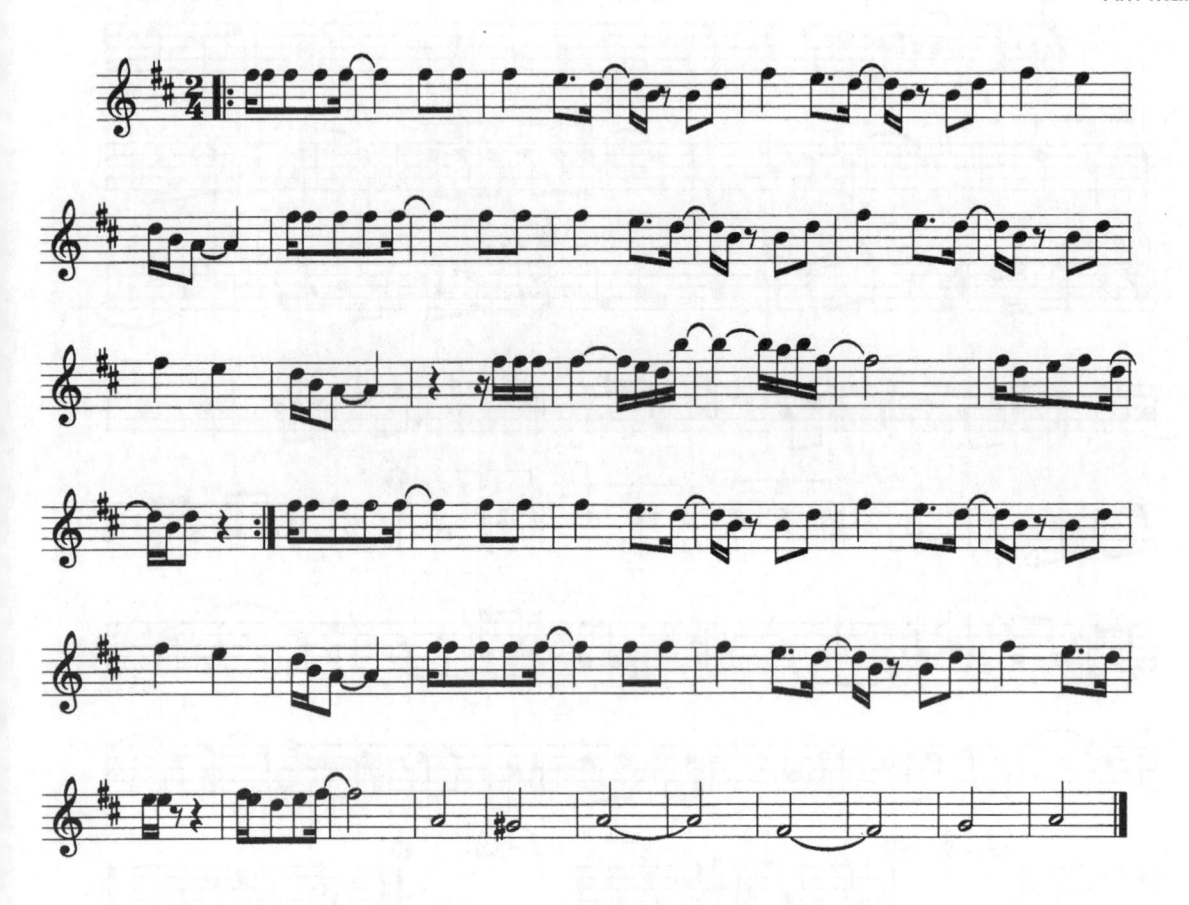

Venho lhe dizer se algo andou errado
Eu fui o culpado, rogo o seu perdão
Venho lhe seguir e pedir desculpas
Foi por minha culpa a separação.

Venho lhe dizer se algo andou errado
Eu fui o culpado, rogo o seu perdão
Venho lhe seguir e pedir desculpas
Foi por minha culpa a separação

Devo admitir que sou réu confesso
E por isso eu peço, peço pra voltar
Longe de você já não sou mais nada
Veja, é uma parada, viver sem te ver

Perto de você eu consigo tudo
Eu já vejo tudo, peço pra voltar

Devo admitir...

© Copyright 1974 by IRMÃOS VITALE S/A IND. E COM. - SÃO PAULO - RIO DE JANEIRO - BRASIL.
Todos os direitos autorais reservados para todos os países. All rights reserved.

PISTON
CLARINETE
SAX TENOR

Gravação GENIVAL LACERDA
Rock do Jegue
Rock

Celio Roberto e Braulio de Castro

Eu vou contar uma história pra vocês
Que um dia aconteceu na minha vida
A história de um jegue muito brabo
Que me deixou num beco sem saída
Eu vinha vindo pra casa descansar
O jegue estava no portão quis me pegar
Quando me viu foi murchando as orelhas
Mostrando os dentes, começou a relinchar

De quem é esse jegue, de quem é esse jegue
De quem é esse jegue, ele quer me morder
De quem é esse jegue, de quem é esse jegue
De quem é esse jegue, tirem ele daqui

Quem tava dentro, não podia mais sair
Quem tava fora, não podia mais entrar
É que o jegue que estava alí
Minha jumenta queria conquistar
Houve então um duelo de relincho
E os dois sairam a galopar
Dei um suspiro e cheguei a conclusão
Que os animais têm o direito de amar.

De quem é esse jegue, etc...

© Copyright 1974 by IRMÃOS VITALE S/A IND. E COM. - SÃO PAULO - RIO DE JANEIRO - BRASIL.
Todos os direitos autorais reservados para todos os países. All rights reserved.

156

Gravação ODEON por DEMONIOS DA GAROA

Saudosa maloca

SAMBA

PISTON SI♭
CLARINETE SI♭
SAX-TENOR SI♭

Adoniran Barbosa

© Copyright 1955 by IRMÃOS VITALE S/A. Ind. e Com. - São Paulo - Rio de Janeiro - Brasil
Todos os direitos autorais reservados para todos os países
All rights reserved - International Copyright Secured.

10.480-c

PISTON Si ♭
CLARINETE Si ♭
SAX-TENOR Si ♭

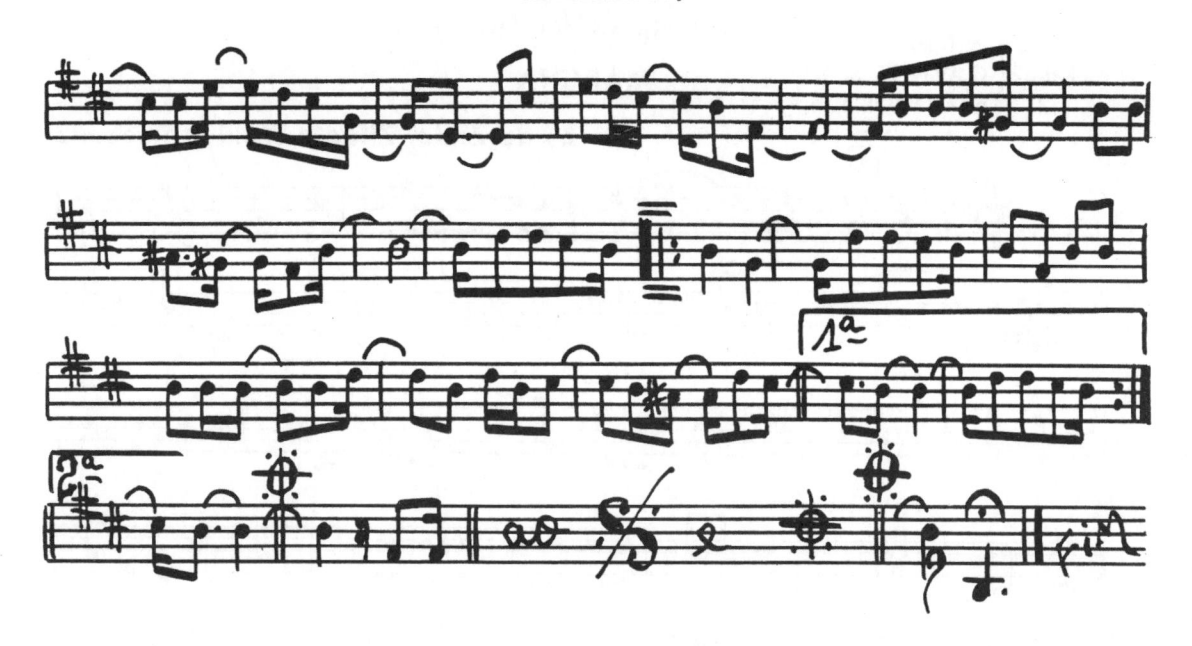

157

Se o «sinhô» não tá lembrado
Dá licença de contá
Qui aqui onde agora está
Esse adificio «arto» era uma casa véia,

Um palacete assobradado,
Foi aqui «seu» moço
Qui eu Mato Grosso e o Jóca
Construimo nossa malóca
Mais um dia nois nem pode se alembrá
Vêio os homens c'as ferramenta
O dono mandô derrubá.

Peguemo tudas nossas coisas
E fumos pro meio da rua
Preciá a demolição...
Que tristeza que nois sentia
Cada taubua que caia
Duia no coração
Mato Grosso quiz gritá
Mais em cima eu falei
Os homes tá c'oa razão
Nois arranja outro lugá
Só se conformemos quando o Jóca falô
DEUS dá o frio conforme o cobertô
E hoje nois péga a páia
Nas grama dos Jardim,
E prá esquecê nois cantemos assim:

II

Coro

(Saudosa maloca
Bis (Maloca querida
(Dim dim donde nois passemo
(Os dias feliz de nossa vida.

158

Gravado por Zé e Zilda em disco ODEON

SACA ROLHA
(As Águas Vão Rolar)

MARCHA

Melodia { PISTON Si b / CLARINETE Si b / SAX TENOR Si b }

Zé da Zilda, Zilda e Waldyr Machado

{ As águas vão rolar
{ Garrafa cheia eu não quero ver sobrar
Bis { Eu passo a mão no saca, saca, saca rolha
{ E bebo até me afogar.
Deixe as águas rolar.

Se a polícia por isso me prender
Mas na última hora me soltar
Eu pego o saca, saca, saca rolha
Ninguém me agarra, ninguém me agarra.

© Copyright 1953 by IRMAOS VITALE S/A. IND. E COM. - São Paulo - Rio de Janeiro - Brasil
Todos os direitos autorais reservados para todos os países
All rights reserved - international Copyright Secured

Se acaso você chegasse
(VIVENDO DE AMOR)
SAMBA

PISTON Si b
CLARINETE Si b
SAX TENOR Si b

Lupicinio Rodrigues e Felisberto Martins

Bis
- Se acaso você chegasse
- No meu barraco encontrasse
- Aquele mulher
- Que você gostou
- Será que tinha a coragem
- De trocar nossa amizade
- Por ela
- Que já lhe abandonou.

- Eu falo porque essa dona
- Já mora no meu barraco
- A beira de um regato
- E um bosque em flor
- De dia me lava a roupa
- De noite me beija a boca
- E assim nós vamos
- Vivendo de amor.

© Copyright 1938 by IRMÃOS VITALE S/A. Ind. e Com. - São Paulo - Rio de Janeiro - Brasil
Todos os direitos autorais reservados para todos os países
All rights reserved - International Copyright Secured.

160

PISTON
CLARINETE
SAX TENOR

Gravação ODEON por ELZA SOARES

Sei lá Mangueira

SAMBA

Paulinho da Viola e Herminio Bello de Carvalho

© Copyright 1968 by IRMÃOS VITALE S/A IND. E COM. - SÃO PAULO - RIO DE JANEIRO - BRASIL.
Todos os direitos autorais reservados para todos os países. All rights reserved.

Vista assim do alto
Mais parece o céu no chão
Sei lá
Em Mangueira a poesia
Feito um mar se alastrou
E a beleza do lugar
Pra se entender
Tem que se achar
Que a vida não é só isso que se vê

É um pouco mais
Que os olhos não conseguem perceber
E as mãos não ousam tocar
E os pés recusam pisar
Sei lá, não sei
Sei lá, não sei
Não sei se toda a beleza
De que lhes falo
Sai tão somente do meu coração

Em Mangueira a poesia
Num sobe e desce constante
Anda descalça ensinando
Um modo novo da gente viver
De pensar e sonhar e sofrer
Sei lá, não sei
Sei lá, não sei, não
A Mangueira é tão grande
Que nem cabe explicação.

162 Se é Pecado Sambar
SAMBA

Piston
Clarinete
Tenor

Manoel Santana

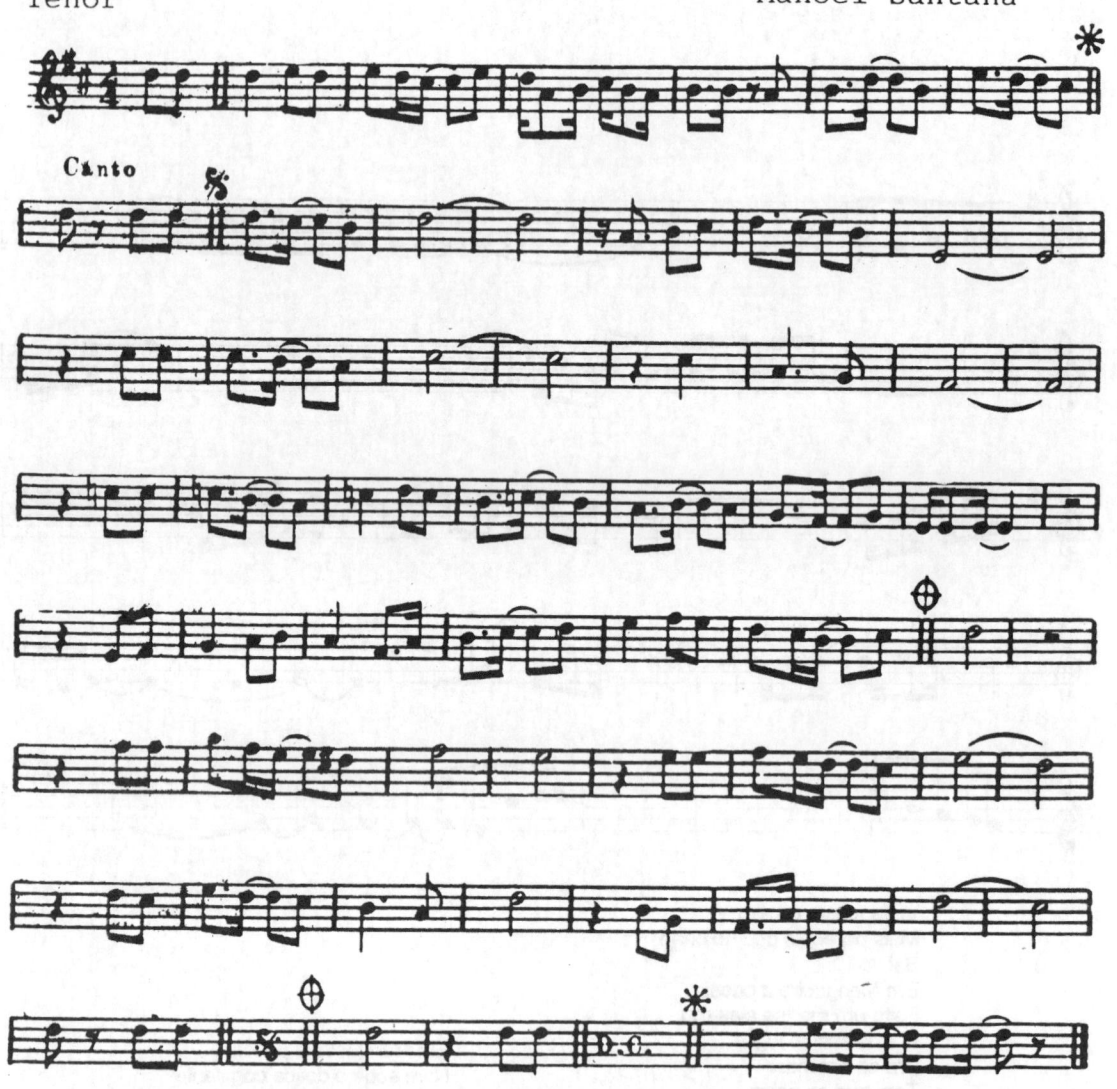

Se é pecado sambar,
A Deus eu peço perdão...
Mas não posso evitar
A tentação
De um samba bem quente,
Que mexe com a gente
Fazendo endoidecer
É um tal de me pega,
Me solta, me deixa
Sambar até morrer

Só o samba é culpado
De eu abandonar meu lar...
Se sambar é pecado,
Deus queira me perdoar.

Copyright 1949 by Editora Musical Brasileira Ltda Cat. 490

Gravada por JOÉL DE ALMEIDA em discos Odeon

Sempre é Carnaval
MARCHA

Melodia { PISTON Si b / CLARINETE Si b / SAX TENOR Si b }
CIFRAS para instrumentos em DÓ

Joél de Almeida e Odilon Boschetti

Sempre é carnaval,
Sempre é carnaval,
Vamos embora, pessoal;
Sempre é carnaval,
Sempre é carnaval,
Muita alegria, pessoal.

Linda morena que está comigo
Na têrça-feira de carnaval,
Na quarta-feira estará distante,
Não fique triste...
Porque sempre é carnaval!

164

Gravação RCA VICTOR por NÉLSON GONÇALVES

Serpentina
MARCHA

Melodia { PISTON Si b / CLARINETE Si b / SAX TENOR Si b }

Haroldo Lobo e David Nasser

I

Bis {
Guardo ainda bem guardada a serpentina
Que ela jogou
Ela era uma linda colombina
E eu um pobre pierrot.
}

II

Guardei a serpentina que ela me atirou
Brinquei com a colombina até às 7 da manhã
Chorei quando ela disse: vou-me embora até amanhã
Pierrot até amanhã

Copyright 1949 by IRMAOS VITALE S/A. Ind. e Com. - São Paulo - Rio de Janeiro - Brasil
Todos os direitos autorais reservados para todos os países — All rights reserved.

165

Sou Brasileiro
SAMBA

PISTON
CLARINETE
SAX TENOR

Paraná e Mineirinho

Dá-lhe, sou brasileiro
Com muito orgulho, com muito amor.

166

Gravação TAPECAR por João Roberto Kelly e Conjunto

Tem capoeira
(É bom se segurar)

SAMBA

Melodia { PISTON Si b / CLARINETE Si b / SAX TENOR Si b }

Batista da Mangueira

Côro:
Tem capoeira
Da Bahia
Na Mangueira

(Quem mandou você pedir
Bis (Capoeira
(Cuidado senão você pode cair
(Na poeira.

Vamos fazer um carnaval
Legal
Sambar é nossa tradição
(Cuidado que a Mangueira vem ai
Bis (E é bom se segurar
(Porque a poeira vai subir.

Breque: Tem capoeira gente ...

© Copyright 1972 by IRMÃOS VITALE S. A. Ind. e Com. - São Paulo - Rio de Janeiro - Brasil
Todos os direitos autorais reservados para todos os países
All rights reserved - International Copyright Secured.

167

TEM GATO NA TUBA
MARCHA

PISTON
CLARINETE
SAX TENOR

João de Barro e Alberto Ribeiro

Todo domingo havia banda
No coreto do jardim
E já de longe a gente ouvia
A tuba do Serafim . . .
Porém um dia entrou um gato
Na tuba do Serafim . . .
E o resultado dessa <melodia>
Foi que a tuba tocou assim :

Pum . . . pum . . . pum . . . (miáu)
Pum pu ru rum pum pum . . . miáu
Pum . . . pum . . . pum . . . (miáu)
Pum pu ru rum pum pum . . . miáu

© Copyright by TODAMÉRICA MÚSICA LTDA. - Rio de Janeiro - Brasil.
Todos os direitos autorais, execução, tradução e arranjos reservados para todos os países.

168
Gravada por Carmen Costa em disco COPACABANA

Tem "nêgo" "bêbo" aí
MARCHA

Melodia: PISTON Si b / CLARINETE Si b / SAX TENOR Si b

Mirabeau e Ayrton Amorim

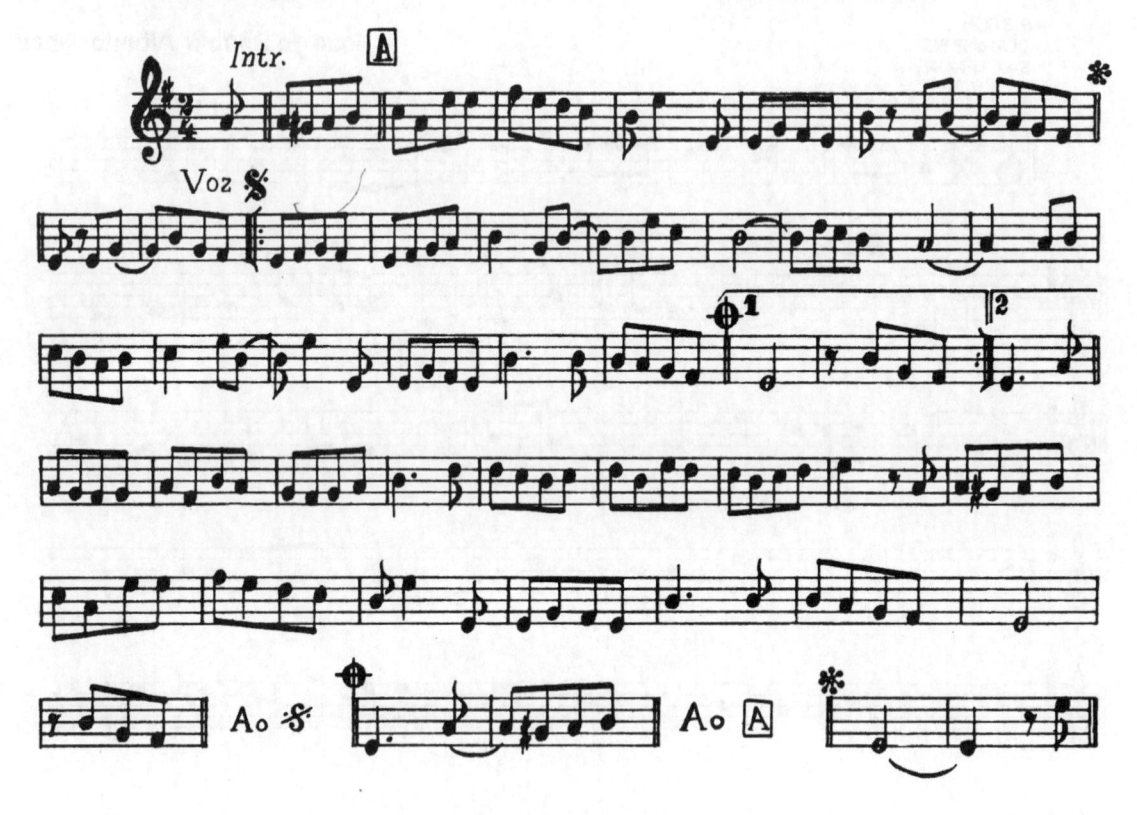

BIS
(Foi numa casca de banana que eu
(pisei, pisei
(Escorreguei, quase caí
(Mas a turma lá de trás gritou, chi...
(Tem nêgo bêbo aí, tem nêgo bêbo aí.

Se a gente está no bonde
Ou mesmo no lotação
Falando um pouco alto
É falta de educação
Se entra no botéco
P'rá tomar um paratí, chi...
Tem nêgo bêbo aí, tem nêgo bêbo aí...

© Copyright 1954 by IRMÃOS VITALE S/A. Ind. e Com. - São Paulo - Rio de Janeiro - Brasil
Todos os direitos autorais reservados para todos os países
All rights reserved - International Copyright Secured.

Tomara que chova
MARCHA

Melodia: PISTON Si b / CLARINETE Si b / SAX TENOR Si b

Paquito e Romeu Gentil

CÔRO

bis {
Tomara que chova
Tres dias sem parar;   } bis côro
A minha grande magua
É lá em casa
Não ter agua;
Eu preciso me lavar.

II

De promessa ando cheio,
Quando eu conto
A minha vida
Ninguem quer acreditar;
Trabalho não me cansa,
O que me cansa é pensar
Que lá em casa não tem agua
Nem pra cozinhar.

© Copyright 1950 by IRMÃOS VITALE S/A. Ind. e Com. - São Paulo - Rio de Janeiro - Brasil
Todos os direitos autorais reservados para todos os paises
All rights reserved - International Copyright Secured.

170

Gravado pelos Demônios da Garôa em discos Chantecler

Trem das Onze
SAMBA

Melodia { PISTON Si b / CLARINETE Si b / SAX TENOR Si b }

Adoniran Barbosa

Não posso ficar nem mais um minuto com você
Sinto muito amor, mas não pode ser
Moro em Jaçaña
Se eu perder êsse trem
Que sai agora às onze horas
Só amanhã de manhã.

Além disso, mulher
Tem outra coisa
Minha mãe não dorme enquanto eu não chegar
Sou filho único
Tenho minha casa p'ra olhar
Não posso ficar.

Triste Madrugada

Gravação PHILIPS por JAIR RODRIGUES

SAMBA

Melodia: PISTON Si b / CLARNETE Si b / SAX TENOR Si b

Jorge Costa

Bis
(Triste madrugada foi aquela
(Que eu perdi meu violão
(Não fiz serenata prá ela
(E nem cantei uma linda canção.

Bis
(Uma canção para quem se ama
(Que sai do coração dizendo assim
(Abre a janela amor
(Abre a janela
(Dê um sorriso e joga uma flor para mim
(Cantando assim
(Lá, lá, lá...

© Copyright 1966 by IRMAOS VITALE S/A. Ind. e Com. - São Paulo - Rio de Janeiro - Brasil
Todos os direitos autorais reservados para todos os paises
All rights reserved - International Copyright Secured.

172

Gravação CONTINENTAL por MOACYR FRANCO

Turbilhão
MARCHA-RANCHO

PISTON Si b
CLARINETE Si b
SAX-TENOR Si b

Victor Simão e David Raw

D.C. ad lib. para Fim

Lará, lará, lará
La, la la la.

A nossa vida é um carnaval
A gente brinca escondendo a dor
E a fantasia do meu ideal
É você ... meu amor!

Sopraram cinzas no meu coração
Tocou silêncio em todos os clarins
Caiu a máscara da ilusão
Dos pierrôs e arlequins.

Vê colombinas azuis a sorrir (Lará)
Vê serpentinas na luz reluzir
Vê os confetes de prantos
No olhar
Desses palhaços dançando no ar!

Vê multidão colorida gritar (Lará)
Vê turbilhão desta vida passar
Vê os delírios dos gritos de amor
Nessa orgia de som e de côr.

© Copyright 1978 by GRAÚNA - EDIÇÕES MUSICAIS Ltda. - São Paulo - Brasil
Todos os direitos autorais reservados para todos os países
All rights reserved - International Copyright Secured.

80.432

Gravada pelos Vocalistas Tropicais em disco COPACABANA

TURMA DO FUNIL

MARCHA

Melodia { PISTON Si b
CLARINETE Si b
SAX TENOR Si b }

Mirabeau, M. de Oliveira e U. de Castro

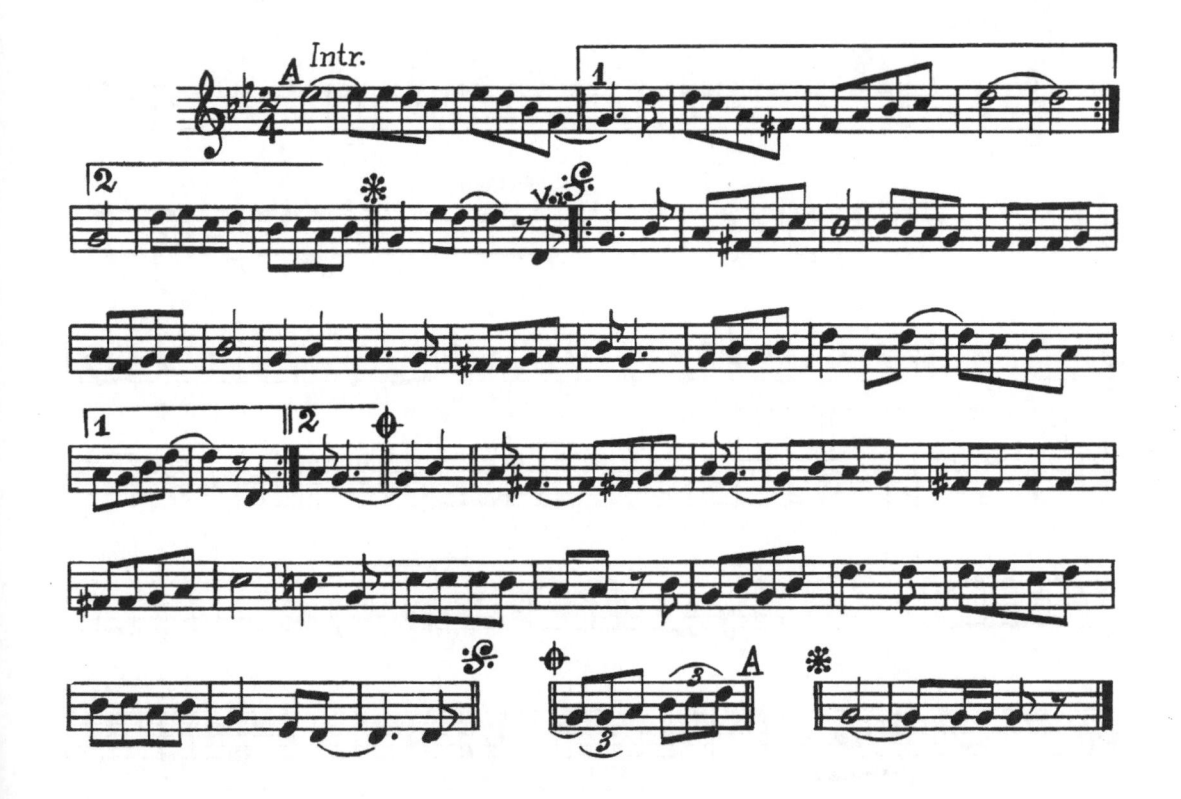

173

Bis {
Chegou a turma do funil
Todo mundo bébe
Mas ninguem dorme no ponto
Ai, ai, ninguem dorme no ponto
Nós é que bebemos
E êles que ficam tontos.
}

Eu bebo sem compromisso
Com meu dinheiro
Ninguem tem nada com isso
Aonde houver garrafa
Aonde houver barril,
Presente está a turma
Do funil.

© Copyright 1955 by IRMÃOS VITALE S/A. IND. E COM. - São Paulo - Rio de Janeiro - Brasil
Todos os direitos autorais reservados para todos os países
All rights reserved - international Copyright Secured

10.774-c

174

VAI COM JEITO
MARCHA

João de Barro

PISTON
CLARINETE
SAX TENOR

(Vai com jeito, vai
(Se não um dia
Bis (A casa cai   (menina)
(Vai com jeito, vai
(Se não um dia
(A casa cai .

Se alguém te convidar
P'ra tomar banho em Paquetá
P'ra piquenique na Barra da Tijuca
Ou p'ra fazer um programa no Joá
                              (menina)

© Copyright 1956 by EDITORA MUSICAL BRASILEIRA LTDA. - Rio de Janeiro - Brasil.
Todos os direitos autorais, execução, tradução e arranjos reservados para todos os países.

Vassourinha
FREVO

PISTON Si b
CLARINETE Si b
SAX TENOR Si b

Matias da Rocha e Joana Batista Ramos

176

Gravação Gal por Almir Rouche - CD Evoe Brasil II

VELHO CORAÇÃO
FREVO

PISTON
CLARINETE
SAX TENOR

Getulio Cavalcanti

D.C.

Responde velho coração
Se é hora de se despedir
Pensei guardar meu violão
E com emoção do carnaval fugir
O olhar de procurar encantos
Cansado já não brilha mais
Momentos de lembrar são tantos
Vontade de esquecer jamais

Talvez seja melhor assim
Guardar meu Arlequim
Ainda multicor
Deixando um pouco de lembrança
Na ansia de um fingido amor
Aos novos deixo o meu abraço
Sabendo quanto fui feliz
O frevo vai ganhando espaço
Se bem não faço, sei que mal não fiz.

177

VEM CHEGANDO A MADRUGADA
BATUCADA

PISTON
CLARINETA
SAX TENOR

Adil de Paula e
Noel Rosa de Oliveira

BIS (Vem chegando a madrugada -ô
(O sereno vem caindo

BIS (Cai, cai, sereno devagar
(Que o meu amor está dormindo.

     (Deixa dormir em paz
BIS (Que uma noite não é nada
     (Não acorde meu amor,
     (Sereno da madrugada!

© Copyright 1965 by EDITORA MUSICAL BRASILEIRA LTDA - Rio de Janeiro - Brasil.
Todos os direitos autorais, execução, tradução e arranjos reservados para todos os países.

178

Vivo isolado do mundo

PISTON
CLARINETE
SAX TENOR

PARTIDO ALTO

Alcides

REFRÃO:
Eu vivia isolado do mundo
Quando eu era um vagabundo
Sem ter um amor
Hoje em dia eu me regenerei
Sou um chefe de família
Da mulher que amei

Linda, linda, linda
Linda como um querubim
É formosa, cheirosa e vaidosa
As rosas do meu jardim
Se tu fores na Portela
Gente humilde, gente pobre
Que traz o samba na veia
Um samba de gente nobre

REFRÃO:

Mas ela não sabe, não sabe
Compadre o que perdeu
Um amor sincero e puro
De um escuro igual ao meu
Se ela soubesse
Que o peito padece, numa solidão
Não me negava os seus beijos
E me dava o seu perdão.

REFRÃO:

180

Gravação COPACABANA por BENITO DI PAULA

Violão não se empresta a ninguém
SAMBA

Melodia { PISTON Si b / CLARINETE Si b / SAX TENOR Si b }

Benito Di Paula

Bis
(Onde está você
(Com meu violão
(Se você chegar fora da hora
(Não deixo você desfilar no meu cordão.

Cinco e meia seis e meia
Esperei você, não veio
Eu bem disse outro dia
Violão não se empresta a ninguém
Espero mais meia hora
E se você não chegar
Não venha com conversa mole
Não aceito desculpa
E não vai desfilar.

© Copyright 1972 by IRMÃOS VITALE S. A. Ind. e Com. - São Paulo - Rio de Janeiro - Brasil
Todos os direitos autorais reservados para todos os países
All rights reserved - International Copyright Secured.

Cat. 12.988-c

Gravação independente por João Roberto Kelly

VOU SAIR DE LULA
MARCHA

PISTON
CLARINETE
SAX TENOR

João Roberto Kelly

(2 vezes)
Vou sair de Lula
E não abro mão
Já comprei o meu boné
A chuteira e o calção

Quem não me aprovar
Seja lá quem for
Eu não vou brigar
Sou " Lulinha paz e amor".

© Copyright 2003 by IRMÃOS VITALE S/A IND. E COM. - SÃO PAULO - RIO DE JANEIRO - BRASIL.
Todos os direitos autorais reservados para todos os países. All rights reserved.

182

Zé Carioca no Frêvo

FREVO

CLARINETE Si b
SAX TENOR Si b
PISTON Si b

Geraldo Medeiros

ZÉ MARMITA
SAMBA

Luiz Antonio e Brasinha

PISTON
CLARINETE
SAX TENOR

♩ = 100

BIS
(Quatro horas da manhã
(Sai de casa o Zé Marmita
(Pendurado na porta do trem
(Zé Marmita vai e vem

Numa lata Zé Marmita
Traz a boia que ainda sobrou do jantar
Meio - dia Zé marmita
Faz o fogo para a comida esquentar
E Zé Marmita , barriga cheia
Esquece a vida no bate - bola de meia .

© Copyright 1952 by EDITORA MUSICAL BRASILEIRA LTDA. - Rio de Janeiro - Brasil.
Todos os direitos autorais, execução, tradução e arranjos reservados para todos os países.

FESTAS JUNINAS

A Letra I
BAIÃO

PISTON
CLARINETE
SAX TENOR

Zédantas e Luiz Gonzaga

Vai cartinha fechada, não deixa ninguém te abrir
Aquela casa caiada, donde mora a letra I
E diz que como a cacimba
Dum rio qui o verão secô
Meu zóio chorô tanta mágua
Que hoje sem água, nem responde a dô

Vai e diz que o amô fumega no meu coração
Fale quá, fogueira das noites de São João
Q'eu sofro por vivê sem ela
Tando longe dela só sei reclamar
Pois vivo como um passarinho
Qui longe do ninho, só pensa em voltar.

188

A Sanfona do Mané
MARCHA - QUADRILHA

PISTON Sib
CLARINETE Sib
SAX TENOR Sib

Haroldo Lobo e Milton de Oliveira

B ⎡ Ai como toca sanfona o Mané
I ⎢ E como "tá" bom
S ⎣ O arrasta pé!

O Mané com a sanfona
Faz sozinho um festão
Tocou tanto um dia destes
Que acordou o São João!
São João desceu e disse:
- Ô Mané você é um herói,
Mas porque você não vai
Tocar sanfona em Niterói.

A VIDA DO VIAJANTE

Luiz Gonzaga e Hervé Cordovil

PISTON
CLARINETE
SAX TENOR

Minha vida é andar por este país
Pra ver se um dia descanso feliz
Guardando as recordações das terras onde passei
Andando pelos sertões, dos amigos que lá deixei

Chuva e sol, poeira e carvão
Longe de casa sigo o roteiro
Mais uma estação
E a saudade no coração

Mar e terra, inverno e verão
Mostro um sorriso, mostro alegria
Mas eu não mostro não
É a saudade no coração.

ABC do Sertão

PISTON
CLARINETE
SAX TENOR

Zédantas e Luiz Gonzaga

Lá no meu sertão pro caboclo lê
Tem que aprendê um outro ABC

BIS:
O jota é ji e o éle e lê
O ésse é si
Mas o érre tem nome de rê

Até o ypsilon lá é pissilone
O ême e mê e o êne é nê
O éfe é fê
O gê chama-se guê
Na escola é engraçado
Ouvir-se tanto é
A BÊ CÊ DÊ FÊ GUÊ LÊ MÊ NÊ PÍ
QUÊ RÊ TÊ VÊ E ZÊ

© Copyright 1953 by IRMÃOS VITALE S/A IND. E COM.- SÃO PAULO - RIO DE JANEIRO - BRASIL.
Todos os direitos autorais reservados para todos os países. All rights reserved.

Bailão de peão

PISTON
CLARINETE
SAX TENOR

Maria da Paz e Nino

REFRÃO:
É bailão, é rodeio
Festa de peão também tô no meio
É bailão, é rodeio
Festa de peão também tô no meio

Uma sanfona puxando alegria
A noite inteira animando a gente
No arrasta-pé até raiar o dia
Vou de carona num abraço quente
Bebericando molhando as palavras
Pra refrescar a brasa do desejo
Na brincadeira pode dar romance
Se a moça der chance, eu sapeco um beijo

REFRÃO:

Fim de semana o coração se agita
Eu me arrumo e me perfumo todo
Onde tem festa e mulher bonita
Só tô de fora quando passa o rodo
Trago a morena pra junto do peito
Bem no compasso do meu coração
Eu me agarro na sua cintura
A gente faz loucuras dentro do salão

REFRÃO:

© Copyright 1995 by IRMÃOS VITALE S/A IND. E COM. - SÃO PAULO - RIO DE JANEIRO - BRASIL.
© Copyright 1995 by SONY MUSIC EDIÇÕES MUSICAIS LTDA.
Todos os direitos autorais reservados para todos os países. All rights reserved.

BAIÃO

Luiz Gonzaga e Humberto Teixeira

PISTON
CLARINETE
SAX TENOR

Eu vou mostrar pra vocês
Como se dança o Baião
E quem quiser aprender
É favor prestar atenção

Morena chegue pra cá
Bem junto ao meu coração
Agora é só me seguir
Pois eu vou dançar o Baião

   Baião - Baião

Eu vou mostrar ....

Eu já dancei balancê
Chamego, samba e xerém
Mas o Baião tem um quê
Que as outras danças não têm

E quem quiser é só dizer
Pois eu com satisfação
Vou dançar cantando o Baião
Baião , Baião

Eu já dancei no Pará
Toquei sanfona em Belém
Cantei lá no Ceará
Eu sei o que me convém

Por isso eu quero afirmar
Com toda convicção
Que eu sou doido pelo Baião
Baião , Baião

Eu vou mostrar ....

194

Baião da Garoa

PISTON Sib
CLARINETE Sib
SAX TENOR Sib

Luiz Gonzaga e Hervé Cordovil

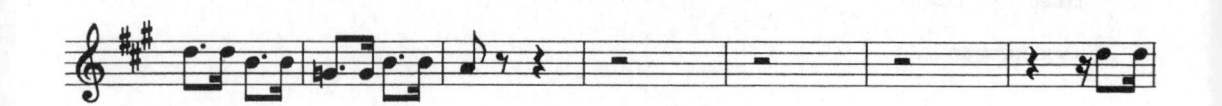

© Copyright 1952 by IRMÃOS VITALE S/A IND. E COM. - SÃO PAULO - RIO DE JANEIRO - BRASIL.
Todos os direitos autorais reservados para todos os países. All rights reserved.

9434-b

Na terra seca quando a safra não é boa
Sabiá não entoa, não dá milho e feijão
Na Paraíba, Ceará, nas Alagôa
Retirantes que passam vão cantando
seu rojão

Trá lá lá lá lá lá lá
Trá lá lá lá lá lá lá

Meu São Pedro me ajude
Mande chuva, chuva boa
Chuvisqueiro, chuvisquinho
Nem que seja uma garoa

Uma vez chuveu na terra seca
Sabiá então cantou!
Houve lá tanta fartura
Que o retirante voltou

Trá lá lá lá lá lá
Trá lá lá lá lá lá
Trá lá lá lá lá lá lá lá lá lá lá

Oi! Graças a DEUS
Chuveu, garoou!

BAIÃO DE DOIS

Luiz Gonzaga e Humberto Teixeira

© Copyright 1950 by TODAMÉRICA MÚSICA LTDA. - Rio de Janeiro - Brasil.
Todos os direitos autorais, execução, tradução e arranjoe reservados para todos os países.

Abdon, que moda é essa ?-
Deixa a trempe a cuié !
Home num vai na cusinha -   BIS   Qui é lugá
só de muié ! -

Ai, ai, ai
Ai baião qui bom tu "sois" -
Se um baião é bom sozinho -   BIS   Qui
dirá baião de dois

Vou juntá feijão de corda -
Numa panela de arroz -
Abdon vai já pra sala ,   -   BIS
Qui hoje tem baião de dois! -

       Ai, Aí ,A i ....

Baião , Baião de dois ! -
Baião , Baião de dois ! -   BIS

198

BOIADEIRO

PISTON
CLARINETE
SAX TENOR

Armando Cavalcante e Klécius Caldas

© Copyright 1950 by IRMÃOS VITALE S/A IND. E COM. - SÃO PAULO - RIO DE JANEIRO - BRASIL.
Todos os direitos autorais reservados para todos os países. All rights reserved.

8872

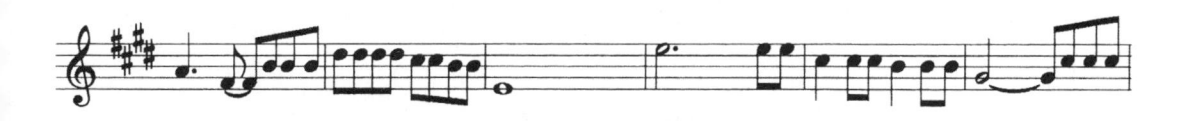

De manhãzinha, quando eu sigo pela estrada
Minha boiada pra invernada eu vou levar
São dez cabeça, é muito pouco, é quase nada
Mas não tem outras mais bonitas no lugar
Vai boiadeiro, que o dia já vem
Leva o teu gado e vai pensando no teu bem

De tardezinha, quando eu venho pela estrada
A fiarada tá todinha a me esperar
São dez fiinho, é muito pouco, é quase nada
Mas não tem outros mais bonitos no lugar
Vai boiadeiro, que a tarde já vem
Leva o teu gado e vai pensando no teu bem

E quando eu chego na cancela da morada
Minha Rosinha vem correndo me abraçar
É pequenina, é miudinha, é quase nada
Mas não tem outra mais bonita no lugar
Vai boiadeiro que a noite já vem
Guarda o teu gado e vai pra junto do teu bem!

Balão do amor

MARCHA

PISTON Sib
CLARINETE Sib
SAX TENOR Sib

Francisco Alves e Orestes Barbosa

ESTRIBILHO:

BIS
- É noite de São João
- O meu balão vou soltar
- Balão que eu fiz com as cartas
- Daquela que não me quis amar

Sabendo que era de cartas
A balão que eu quis fazer
As estrelas curiosas
Despertaram para ler

Todo mundo faz balão
A colar papel de cor
Resolvi fazer o meu
Com as cartas desse amor

Meu balão feito de cartas
Custou muito pra subir
Era o peso da saudade
Com certeza vai cair.

© Copyright 1934 by IRMÃOS VITALE S/A IND. E COM.- SÃO PAULO - RIO DE JANEIRO - BRASIL.
Todos os direitos autorais reservados para todos os países. All rights reserved.

Brincadeira tem hora

Gravado em discos COPACABANA por Jorge Veiga

BAIÃO

PISTON Sib
CLARINETE Sib
SAX TENOR Sib

Haroldo Lobo e Milton de Oliveira

Santo Antonio me arranjou um amor
Mas hoje mesmo esse amor foi embora
Santo antonio não brinca comigo
Ai, brincadeira tem hora.

Sofri tantos desenganos
Que o coração não esquece
Esperei mais de três anos
E esse amor não aparece
Santo Antonio será que sabe
Que brincadeira tem hora
Me arranjou um amor meia-noite
E uma e meia esse amor foi embora.

202

Cai, cai balão
MARCHA

PISTON Sib
CLARINETE Sib
SAX TENOR Sib

Assis Valente

Cai, cai balão
Você não deve subir
Quem sobe muito
Cai depressa sem sentir
A ventania
De tua queda vai zombar
Cai, cai balão
Não deixa o vento te levar.

Numa noite de fogueira
Enviei a São João
O meu sonho de criança
Num formato de balão
Mas o vento da mentira
Derrubou sem piedade
O balão do meu destino
Na cruel realidade

Atirado pelo mundo
Eu também sou um balão
Vou subindo de mentira
No azul da ilusão
Meu amor foi a fogueira
Que bem cedo se apagou
Hoje vivo de saudade
É a cinza que ficou.

203

PISTON Sib
CLARINETE Sib
SAX TENOR Sib

Calango da Lacraia

Calango

Luiz Gonzaga e J. Portella

Eu vou te contar um caso
Você ri que se escangáia
A muié do Zé Maria
Foi dançar, caiu a saia

CORO:

Calango-tango
Do Calango da lacraia
Meu cabrito tá na corda
Meu cavalo tá na baia

Minha fia não se casa
Com homem que não trabaia
Trabaiadô quando é bão
Segunda feira não fáia

CORO:

Se não fosse a carnaúba
Não tinha chapéu de paia
O que eu não atulero
É desaforo de canáia

CORO:

Nu lugá que eu jogo bola
Num quero jogo de maia
Eu bem quero sê dereito
Você mesmo me atrapáia

CORO:

Desaforo de mineiro
É chama nortista de tráia
O nortista puxa a faca
Mineiro puxa a naváia

CORO:

© Copyright 1946 IRMÃOS VITALE S/A IND. E COM. - SÃO PAULO - RIO DE JANEIRO - BRASIL.
Todos os direitos autorais reservados para todos os países. All rights reserved.

Tupy 585

204

PISTON
CLARINETE
SAX TENOR

Chofér de praça
MAZURCA

Ewaldo Ruy e Fernando Lobo

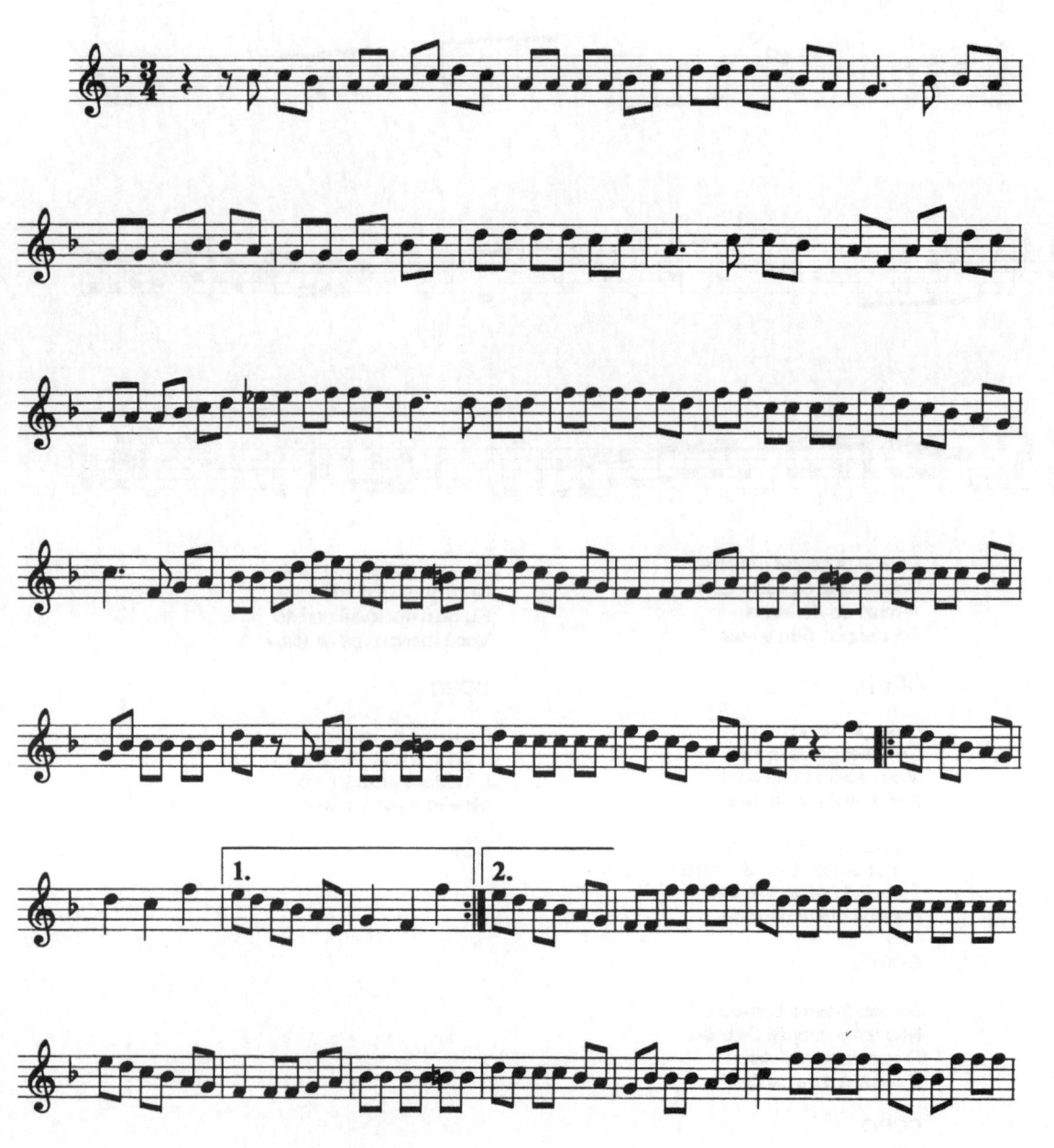

Juntei dinheiro quase um ano inteiro
Entrei para a escola para ser chofér
Dessa maneira sem fazer besteira
Tirei a carteira, botei meu boné!
Batendo pino sigo o meu destino
Caminhando para onde DEUS quiser
A vida passa, eu vou fazendo a praça
Primeira, segunda, prize e marcha-à-ré...
A vida passa, eu vou fazendo a praça
Primeira, segunda, prize e marcha-à-ré

Se o freguês reclama que eu sou vagaroso
Que meu carro é velho e faz muita fumaça
Eu não me zango, não faço arruaça
Sou bem educado, sou chofér de praça

REFRÃO:
Ai! Ai! Não nego a minha raça!
Ai! Ai! Eu sou chofér de praça!
Ai! Ai! Não nego a minha raça!
Ai! Ai! Eu sou chofér de praça!

Para o casamento, tenho um terno branco
Para batizado, tenho um terno azul
Boto o meu boné, se vou pra zona norte
Tiro o meu boné, se vou pra zona sul
Se apanho um casal pro lado do Leblon
Sei que vou parar na Gruta da Imprensa
Viro o espelho, não ouço, não vejo...
Vou dar meu bordejo, espero a recompensa

REFRÃO:

CAPELINHA DE MELÃO
TOADA

PISTON
CLARINETE
SAX TENOR

João de Barro e Alberto Ribeiro

Capelina de melão
É de São João
É de cravo é de rosa
É de mangiricão
　　Bis

Apanhei rosas pelos caminhos
As mensageiras do amor
E me fizeste com seus pinhos
Uma coroa de dor

Capelinha de melão
É de São João
É de cravo é de rosa
É de mangericão
　　Bis

© Copyright 1949 by EDITORA MUSICAL BRASILEIRA LTDA. - Rio de Janeiro - Brasil.
Todos os direitos autorais, execução, tradução e arranjos reservados para todos os países.

Derramaro o Gai
CÔCO

PISTON
CLARINETE
SAX TENOR

Luiz Gonzaga e Zédantas

REFRÃO:
Eu nesse coco não vadeio mais
Apagaram o candieiro e derramaram gai

Apagaram o candieiro derramaram gai
Coisa boa nesse escuro já sei que não sai
Já não tão mais respeitando nem eu que sou pai
Pois me deram um biliscão quase a calça cai
Começando desse jeito não sei pra onde vai
Por isso nesse coco não vadeio mais

REFRÃO:

Num escuro desse jeito ninguém se distrai
Pai de moça nessa festa só vai ter trabai
Seu Zé Chico nesse coco Isabé não cai
O seu noivo tá querendo mais não sou seu pai
Ou ascende um candieiro bem cheim de gai
Ou ela nesse coco não vadeia mai

REFRÃO:

Sá Zefinha entrou no coco quase que não sai
Pois ficou que nem badalo dentro do chocai
Levou tanta umbigada que caiu pra trai
E saiu andando manca que nem papagai
Sou casado e não aguento certos atrapai
Por isso nesse coco não vadeio mai;

REFRÃO:

© Copyright 1950 by IRMÃOS VITALE S/A IND. E COM. - SÃO PAULO - RIO DE JANEIRO - BRASIL.
Todos os direitos autorais reservados para todos os países. All rights reserved.

208

DEZESSETE E SETECENTOS

PISTON
CLARINETE
SAX TENOR

Luiz Gonzaga e Miguel Lima

Eu lhe dei 20 mil réis
pra tirar 3 e 300
Você tem que me voltar
17 e 700
16 e 700?
17 e 700

Sou diplomado
Frequentei academia
Conheço geografia
Sei até multiplicar
Dei 20 mangos
Pra pagar 3 e 300
17 e 700
Você tem que me voltar
Você tem que me voltar
17 e 700
16 e 700
17 e 700.

210

ESTRELA MIÚDA
BATUQUE

PISTON
CLARINETE
SAX TENOR

Luiz Vieira e João Valles

© Copyright 1953 by EDITORA MUSICAL BRASILEIRA LTDA. - Rio de Janeiro - Brasil.
Todos os direitos autorais, execução, tradução e arranjos reservados para todos os países.

211

BIS
Estrela miúda que alumia o mar
Alumia terra e mar
Pra meu bem vim me buscar
Há mais de um mês que ela não
Que ela não vem me buscar

BIS
A garça perdeu a pena
Ao passar no igarapé
Eu também perdi meu lenço
Atrás de quem não me quer

Estrela Miúda ....

BIS
A onda quebrou na praia
E voltou correndo ao mar
Meu amor foi como a onda
E não voltou pra me beijar

Estrela Miúda ....

BIS
Que ela não vem me beijar
Que ela não liga pro mar
Que ela não vem me buscar
Que ela não vem me olhar

212

PISTON
CLARINETE
SAX TENOR

Gravação C.B.S. por OS TRÊS DO NORDESTE
É proibido cochilar
FORRÓ

Antonio Barros

O forró daqui é melhor do que o teu
O sanfoneiro é muito melhor
As moreninhas a noite inteira
Na brincadeira levanta pó
É animado ninguém cochila
Chega faz fila pra dançar
E na entrada está escrito
É proibido cochilar...

REFRÃO:
É proibido cochilar
Cochilar, cochilar
É proibido cochilar
Cochilar, cochilar

A poeira sobe, o suor desce
A gente ver o sol raiar
O sanfoneiro padece
Mas não pode reclamar
Se está ganhando dinheiro
É pro dinheiro ganhar
E ele leu na entrada que
É proibido cochilar...

REFRÃO:

Falso Toureiro

CÔCO

PISTON
CLARINETE
SAX TENOR

José Gomes e Heleno Clemente

BIS

Fui ver uma tourada lá na Escada
De um toureiro de valor, veja o senhor
Mas quando na hora marcada, que trapalhada!
O toureiro não chegou.

Me apresentaram como seu substituto
Fiquei maluco vendo aquela multidão
Ouvi as moças me aplaudir lá da bancada
Senti uma pancada bem dentro do coração
Caí na arena recebi tanta chifrada
Quase morro nas suas pontas afiadas
Bati mãos à faca e gritei para o poleiro
- Eu mato cabra que disse que eu sou toureiro.

215

Farinhada

PISTON
CLARINETE
SAX TENOR

BAIÃO

Zédantas

REFRÃO:
Tava na peneira, eu tava penerando
Eu tava no namoro, eu tava namorando

Na farinhada la da serra do Teixeira
Namorei uma cabôca nunca vi tão feiticeira
A mininada descascava macaxeira
Zé Migué no caititú e eu e ela na peneira

REFRÃO:

O vento dava sacudia a cabilheira
Levantava a saia dela no balanço da peneira
Fechei os olhos e o vento foi soprando
Quando deu um virimundo sem querer tava espiando

REFRÃO:

De madrugada nós fiquemos ali sozinho
O pai dela soube disso deu de perna no caminho
Chegando lá até riu da brincadeira
Nós estava namorando eu e ela na peneira...

10506

© Copyright 1955 by IRMÃOS VITALE S/A IND. E COM. - SÃO PAULO - RIO DE JANEIRO - BRASIL.
Todos os direitos autorais reservados para todos os países. All rights reserved.

216

FORRÓ DE MANÉ VITO

Luiz Gonzaga e Zé Dantas

PISTON
CLARINETE
SAX TENOR

© Copyright 1949 by EDITORA MUSICAL BRASILEIRA LTDA. - Rio de Janeiro - Brasil.
Todos os direitos autorais, execução, tradução e arranjos reservados para todos os países.

Seu delegado
Diga a vossa senhoria
Eu sô fio de uma famia
Qui num gosta de fuá

Mas trazantonte
No forró de Mané Vito
Tive qui fazé bunito
A razão vô lhi isplicá:

Quitola no ganzá
Preá no reco - reco
Na sanfona Zé Marreco
Se danaro pra tocá

Prá qui, prá li, prá lá
Dançava com Rosinha
Quando Zeca de Saninha
Me improibe de dançá

Seu delegado
Sem increnca eu num brigo
Si ninguem buli cumigo
Num sô Home pá brigá

Mas nessa festa
Seu dotô perdi a carma
Tive qui pegá nas arma
Pois num gosto de apanhá

Pra Zeca se assombrá
Mandei pará o foli
Mais o cabra num é mole
Quis parti pra me pegá

Puxei do meu punhá
Soprei no candiêro
Butei tudo pro terrêro
Fiz o samba se acabar

Forró em Caruaru

PISTON
CLARINETE
SAX TENOR

ROJÃO

Zédantas

No forró de Sá Joaninha no Caruaru
Cumpadre Mané Bento, só fartava tu
No forró de Sá Joaninha no Caruaru
Cumpade Mané Bento, só fartava tu

I.
Nunca vi meu cumpadre forgansa tão boa
Tão cheia de brinquedo, de animação
Bebendo na função, nós dançemo sem pará
Num galope de matá
Mas arta madrugada
Pra mode uma danada qui vei de Tacaratu
Matemo dois sordado, quato cabo e um sargento
Cumpade Mané Bento, só fartava tu

II.
Meu irmão Jisuino grudô numa nega
Chamego dum sujeito valente e brigão
Eu vi qui a confusão num tardava cumeçá
Pois o cabra de punhá cum cara de assassino
Partiu pra Jisuino, tava feito o sururu
Matemo dois sordado, quato cabo e um sargento
Cumpade Mané Bento, só fartava tu

III.
Pro Dotô Delegado que veio trombudo
Eu diche que naquela grande confusão
Só hôve uns arranhão mas o caba morredô
Nesse tempo de calô, tem a carne reimosa
O vei zombô da prosa, fugi do Caruaru
Matemo dois sordado, quato cabo e um sargento
Cumpade Mané Bento, só fartava tu.

© Copyright 1955 by IRMÃOS VITALE S/A IND. E COM. - SÃO PAULO - RIO DE JANEIRO - BRASIL.
Todos os direitos autorais reservados para todos os países. All rights reserved.

219

Forró em Limoeiro
ROJÃO

PISTON
CLARINETE
SAX TENOR

Edgard Ferreira

Eu fui pra Limoeiro e gostei do forró de lá
Eu vi um caboclo brejeiro, tocando sanfona   BIS
Entrei no fuá.

No meio do forró houve um tereré
Disse o mano Zé, aguenta o pagode
Todo mundo pode, gritou o Teixeira
Quem não tem peixeira, briga no pé.

Foi quando eu vi a dona Zezé a mulher que é
Diz que topa parada, de saia amarrada
Fazer o cocó, e dizer que eu brigo
Com um cabra canalha, usou da navalha, entrou no forró

Eu que sou do morro, não choro, não corro
Não peço socorro, quando há chuá
Gosto de sambar na ponta da faca
Sou nego de raça, não quero apanhar.

© Copyright 1953 by IRMÃOS VITALE S/A IND. E COM. - SÃO PAULO - RIO DE JANEIRO - BRASIL.
Todos os direitos autorais reservados para todos os países. All rights reserved.

Imbalança

BAIÃO-CÔCO

PISTON
CLARINETE
SAX TENOR

Luiz Gonzaga e Zédantas

Óia a páia do coquero, quando o vento dá
Óia o tombo da jangada, nas ondas do mar
Óia o tombo da jangada, nas ondas do mar
Óia a páia do coquero, quando o vento dá

REFRÃO:
Imbalança, imbalança, imbalançá
Imbalança, imbalança, imbalançá
Imbalança, imbalança, imbalançá
Imbalança, imbalança, imbalançá

Pra você aguentá meu rojão, é preciso sabê requebrá
Tê molejo nos pés e nas mão e no corpo o balanço do mar
Sê qui nem carrapeta no chão e virá foia seca no ar
Para quando iscutá meu baião

REFRÃO:

221

PISTON]
CLARINETE
SAX TENOR

Lascando o cano
POLCA

Luiz Gonzaga e Zédantas

Vamo, vamo, Joana
Vamo na carreira
Vamo pra fogueira
Festejá meu São João
Vamo, vamo Joana
Findou-se o inferno
Houve bom inverno
Há fartura no sertão.

BIS
Traz Ariuna
Qui eu vô lascá o cano
Pela safra desse ano
Em louvô a São João

Ai, Joana
Traz pamonha e mio assado
Vô mata de bucho inchado
Quem não crer no meu sertão

© Copyright 1954 by IRMÃOS VITALE S/A IND. E COM. - SÃO PAULO - RIO DE JANEIRO - BRASIL.
Todos os direitos autorais reservados para todos os países. All rights reserved.

10220-b

Mariá
Coco

PISTON
CLARINETE
SAX TENOR

Luiz Gonzaga e Zédantas

CORO:
Oi! Tá, tá, tá
Dei um tiro de amô
No coração de Mariá
OI! Tá, tá, tá
Dei um tiro de amô
No coração de Mariá

Por causa dela eu chorava e sofria
Eu gostava da marvada
Mas ela não me queria
Oi! Tá, oi tá
Arranjei outra, botei no lugar dela
E hoje Mariá
Me persegue noite e dia

CORO:

Pra muié feme
Não tem homem bem sabido
Mas agora achei um jeito
E tôu vivendo garantido
Oi! Tá, oi tá
Pois Mariá me ensinô que a muié
Precisa tê um pouco de ciúme do marido.

© Copyright 1951 by IRMÃOS VITALE S/A IND. E COM. - SÃO PAULO - RIO DE JANEIRO - BRASIL.
Todos os direitos autorais reservados para todos os países. All rights reserved.

PISTON
CLARINETE
SAX TENOR

Gravado em discos VICTOR por Black Out

Marina Sapeca
BAIÃO

S. Gomes, R. Reis e J. Gonçalves

BIS
- Santo Antonio avisou
- As mocinhas do arraiá
- Vai ficar para titia
- A que não saber rezar

Marina que é sapeca
Com ela não tem bandeira
Se o santo não ajudar
Casa de qualquer maneira.

© Copyright 1954 by IRMÃOS VITALE S/A IND. E COM. - SÃO PAULO - RIO DE JANEIRO - BRASIL.
Todos os direitos autorais reservados para todos os países. All rights reserved.

224

MEU CARIRÍ
BAIÃO

Dilú Mello e Rosil Cavalcanti

PISTON
CLARINETE
SAX TENOR

© Copyright 1950 by EDITORA MUSICAL BRASILEIRA LTDA. - Rio de Janeiro - Brasil.
Todos os direitos autorais, exucução, tradução e arranjos reservados para todos os países.

225

No meu Cariri
Quando a chuva não vem
Não fica lá ninguém
Somente Deus ajuda

Se não vier do céu
Chuva que nos acuda

Macambira morre)
Chiquechique seca) BIS

Juriti se muda)

Se meu Deus der um jeito
De chover todo o ano
Se acaba desengano
O meu viver lá é certo ...

O meu Cariri
Pode - se ver de perto
Quanta buniteza
Pois a natureza
É um paraíso aberto

226

PISTON
CLARINETE
SAX TENOR

No Ceará não tem disso não
BAIÃO

Guio de Morais

Tenho visto tanta coisa
Nesse mundo de meu DEUS
Coisas qui prum cearense
Num ixisti explicação
Quarqué pinguinho de chuva
Fazer uma inundação
Moça se vistí de cobra
E dizê qui é distração
Vocês cá da capitá
Me adiscurpe essa espressão

CORO:
No Ceará não tem disso não
Tem disso não, tem disso não
No Ceará não tem disso não
Tem disso não, tem disso não
Não, não, não
No Ceará não tem disso não
Não, não, não, não, não, não
No Ceará não tem disso não

Nem qui eu fique aqui dez ano
Eu não me acostumo não
Tudo aqui é diferente
Dos costumes do sertão
Num se pode comprá nada
Sem topá cum um tubarão
Vou vortá pra minha terra
No primeiro caminhão
Vocês vão me adiscurpá
Mas arrepito a ispressão

CORO:

© Copyright 1950 by IRMÃOS VITALE S/A IND. E COM. - SÃO PAULO - RIO DE JANEIRO - BRASIL.
Todos os direitos autorais reservados para todos os países. All rights reserved.

Noites Brasileiras
BAIÃO

PISTON
CLARINETE
SAX TENOR

Luiz Gonzaga e Zédantas

REFRÃO: (2 vezes)
Ai, qui saudades qui eu sinto
Das noites de São João
Das noites tão brasileiras, nas fogueiras
Sob o luar do sertão

Meninos brincando de roda
Velhos soltando, balão
Moços em volta a fogueira
Brincando com o coração
Eita São João dos meus sonhos
Eita saudoso sertão, ai, ai!

REFRÃO: (2 VEZES)

228

O Baile Começou

Jorge Tavares e Geraldo Medeiros

PISTON
CLARINETE
SAX TENOR

Ha mais de uma hora
O baile começou
E até agora
Ela não chegou

A sanfona está tocando
Ai, ai, ai
E eu já estou dançando
Ai, ai, ai
E quando ela chegar
Já tenho outra em seu lugar

229

Casamento da filha do Tomaz

PISTON
CLARINETE
SAX TENOR

Haroldo Lobo e Milton de Oliveira

O casamento da filha do Tomaz
Ia ser hoje, não vai ser mais
Ia ser hoje
Mas o padre não chegou
O padre não chegou
Porque perdeu o trem
Tomaz falou
Já muito aborrecido
Tá tudo transferido
Pro ano que vem.

230

O Casório da Maria

PISTON
CLARINETE
SAX TENOR

Haroldo Lobo e David Nasser

Pro casório da Maria
Já enfeitaram o arraiá
A capela está tão bonita
Só de flor de manacá

Agora o casamento sai
Ninguém pode adiar
Já mandaram vir o padre
De carroça especiá
Tem barracas por todo canto
E fogueira pra se pular
Quer dizer que a festança
Vai até o sol raiá.

PISTON
CLARINETE
SAX TENOR

O Xamego da Guiomar
BAIÃO

Luiz Gonzaga e Miguel Lima

Acho muito interessante o xamego da Guiomar
Ela diz a todo instante que comigo vai casar
Eu não creio muito nisso, ela sabe muito bem
Mas assumo compromisso, pela gaita que ela tem.

Por causa dela eu já perdí a calma e o sossego
Credo, nunca ví tanto xamego
Pois a Guiomar está louquinha pra casar
E eu também não estou aqui para bobear
Todo mundo sabe, todo mundo diz
Que ela tem por mim um grande apego
Porém não ata nem desata com a bossa do xamego
Assim não há quem possa ter calma, ter sossego
Mas digo francamente e posso até jurar
Que a gaita da Guiomar, vai-se acabar.

© Copyright 1945 by IRMÃOS VITALE S/A IND. E COM. - SÃO PAULO - RIO DE JANEIRO - BRASIL.
Todos os direitos autorais reservados para todos os países. All rights reserved.

232

O Sanfoneiro só tocava isso

PISTON
CLARINETE
SAX TENOR

Haroldo Lobo e Geraldo Medeiros

O baile lá na roça
Foi até o sol raiar
A casa estava cheia
Mal se podia andar
Estava tão gostoso
Aquele reboliço
Mas é que o sanfoneiro
Só tocava isso

De vez enquando alguém
Vinha pedindo pra mudar
O sanfoneiro ria
Querendo agradar
O diabo é que a sanfona
Tinha qualquer enguiço
Mas é que o sanfoneiro
Só tocava isso.

Oh! Suzana

PISTON
CLARINETE
SAX TENOR

Stephen C. Foster
Arranjo e letra brasileira de Bob Nelson

Certa vez eu vim montado, ai, ai
Num cavalo alazão
Numa estrada toda cheia ai, ai
De buracos pelo chão

REFRÃO:
Oh! Suzana
Não chores por mim
Pois eu vou para Alabama ai, ai
Tocando bandolim

Na metade do caminho ai, ai
Eu cai dentro de um valo
E cheguei ao Alabama ai, ai
Arrastando o meu cavalo

REFRÃO:

O XOTE DAS MENINAS

Zédantas e Luiz Gonzaga

PISTON
CLARINETE
SAX TENOR

Mandacarú quando fulorá na seca
É um sinal que a chuva chega no sertão
Toda menina que enjoa da boneca
É sinal que o amor já chegou no coração
Meia comprida, não quer mais sapato baixo
O vestido bem cintado, não quer mais vestir timão

Ela só quer, só pensa em namorar
Ela só quer, só pensa em namorar

De manhã cedo já tá pintada
Só vive suspirando, sonhando acordada
O pai leva ao doutor, a filha adoentada
Não come, nem estuda, não dorme, não quer nada

Ela só quer, só pensa em namorar
Ela só quer, só pensa em namorar

Mas o doutor nem examina
Chamando o pai do lado, lhe diz logo em surdina
Que o mal é da idade e que pra tal menina
Não há um só remédio em toda a medicina

Ela só quer, só pensa em namorar
Ela só quer, só pensa em namorar

236

OLHA PRO CÉU

PISTON
CLARINETE
SAX TENOR

Luiz Gonzaga e José Fernandes

Olha pro céu meu amor
Vê como ele está lindo
Olha pra aquele balão multicor
Como no céu vai sumindo

Foi numa noite igual a esta
Que tu me deste o coração
O céu estava assim em festa
Porque era noite de São João
Havia balões no ar
Xote e baião no salão
E no terreiro o teu olhar
Que incendiou meu coração.

© Copyright 1951 by IRMÃOS VITALE S/A IND. E COM. - SÃO PAULO - RIO DE JANEIRO - BRASIL.
Todos os direitos autorais reservados para todos os países. All rights reserved.

237

Olhando o céu todo enfeitado
MARCHA

PISTON
CLARINETE
SAX TENOR

Assis Valente

CORO:
Olhando o céu todo enfeitado
De balões de papel fino
Eu recordei o meu passado
Meus amores de menino
Eu corria acelerado
Pra segurar na sua mão
Que de macia parecia
Papel fino de balão

E hoje quando chega São João
Eu vejo quanta coisa se acabou
Suas mãos que pareciam de papel
A velhice impiedosa machucou

CORO:

E hoje se eu pudesse voltaria
Ao tempo que eu vivia de ilusão
Ao tempo que eu brincava de esconder
Por detraz do seu vestido de balão.

CORO:

238

PARAÍBA
BAIÃO

PISTON
CLARINETE
SAX TENOR

Luiz Gonzaga e Humberto Teixeira

© Copyright 1950 by TODAMÉRICA MÚSICA LTDA. - Rio de Janeiro - Brasil.
Todos os direitos autorais, execução, tradução e arranjos reservados para todos os países.

239

Quando a lama virou pedra
E mandacarú secou ...
Quando ribaçã de sêde
Bateu azas e vuou ...

Eu entonce vim embora
Carregando a minha dor ...
Hoje eu mando um abraço
Pra ti, pequenina ,

Paraíba masculina)
Muié macho sim senhor)   BIS

Êta pau pereira
Que in princesa já roncou
Êta Paraíba
Muié macho sim senhor

Êta pau pereira
Meu bodoque num quebrou...
Hoje eu mando um abraço
Pra ti pequenina ,

Paraíba masculina)
Muié macho sim senhor)   BIS

240

Gravação COPACABANA por José Mendes

Para Pedro

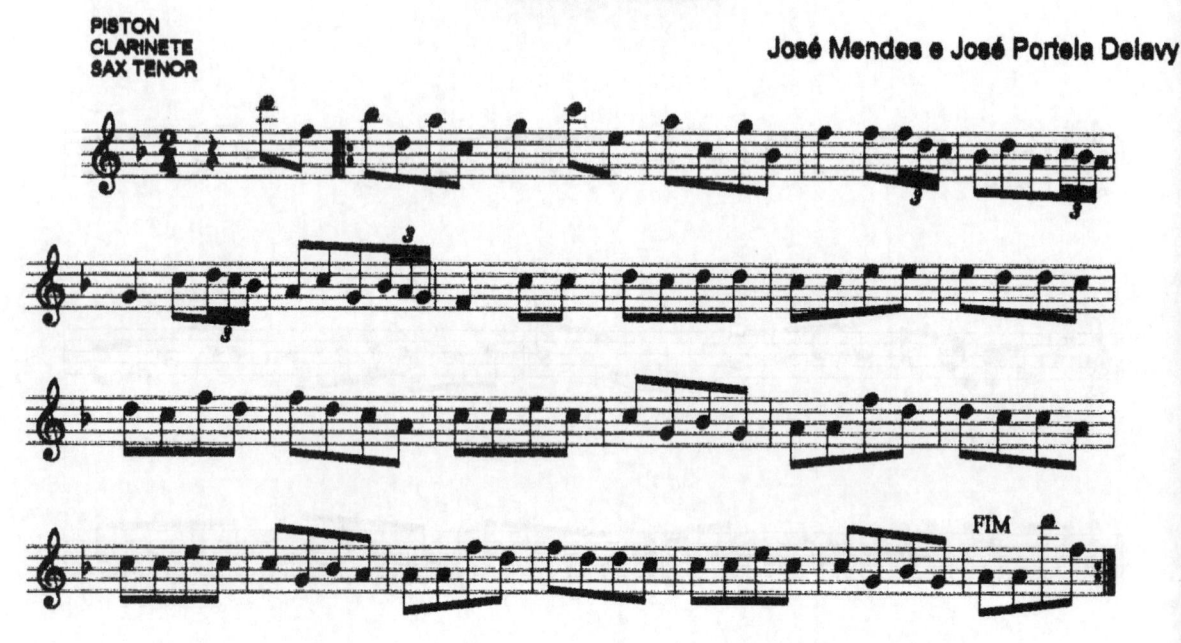

PISTON
CLARINETE
SAX TENOR

José Mendes e José Portela Delavy

Era um baile lá na serra
Na fazenda da Ramada
Foi por lá que um tal de Pedro
Se chegou de madrugada
Só escutei o zum-zum
Mas não sabia de nada
Só ouvia mulher gritando
Esta Pedro é uma parada.

Estribilho:
Para Pedro, Pedro para
Para Pedro, Pedro para
Para Pedro, Pedro para
Para Pedro, Pedro para
Era o Pedro lá num canto
Beliscando a namorada
Para Pedro, Pedro para
Para Pedro, Pedro para
Para Pedro, Pedro para
Para Pedro, Pedro para
Quando foi lá pelas tantas
Que a farra estava animada
Apagaram o lampeão
E a bagunça foi formada
As velhas se revoltaram
Pedroca não é de nada
E o Pedro brigou com as velhas
E deu uma peleia danada.

Estribilho:
Para Pedro, Pedro para, etc.

Fazia cócegas nas velhas
E as velhas davam risadas
Para Pedro, Pedro para, etc.
Pedro foi dançar um xote
Com uma velha apaixonada
E surgiu o velho da velha
E a coisa foi complicada
Pedro correu pelos fundos
E entrou numa porta errada
E as moças levaram um
susto
E gritavam desesperadas

Estribilho:
Para Pedro, Pedro para, etc.
Velha grudada no Pedro
E o velho no Pedro agarrado
Para Pedro, Pedro para, etc.

E assim foi a noite inteira
Até o fim da madrugada
Para Pedro, Pedro para,
etc.

© Copyright 1967 by IRMÃOS VITALE S/A IND. E COM. - SÃO PAULO - RIO DE JANEIRO - BRASIL.
Todos os direitos autorais reservados para todos os países. All rights reserved.

241

Pau de Arara

PISTON
CLARINETE
SAX TENOR

Guio de Morais e Luiz Gonzaga

Quando eu vim do sertão
Seu moço do meu bodocó
A malóta era um saco
E o cadeado era um nó
Só trazia a coragem e a cara
Viajando num pau de arara
Eu penei...
Mas aqui cheguei.

Trouxe um triângulo no matulão
Trouxe um banguê no matulão
Trouxe um zabumba dentro do matulão
Xotis, maracatu, baião
Tudo isso eu trouxe no meu matulão.

Pezinho

PISTON
CLARINETE
SAX TENOR

L. C. Barbosa Lessa e J. C. Paixão Côrtes

Ai bota aqui, ai bota ali
O teu pezinho
O teu pezinho bem juntinho
Com o meu

Ai bota aqui, ai bota ali
O teu pezinho
O teu pezinho, o teu pezinho
Ao pé do meu

BIS:
E depois não vá dizer
Que você já me esqueceu

Ai bota aqui, etc...

BIS:
E no chegar desse teu corpo
Um abraço quero eu

Ai bota aqui, etc...

BIS:
Agora que estamos juntinhos
Dá cá um abraço e um beijinho

Ai bota aqui, etc...

© Copyright 1955 by IRMÃOS VITALE S/A IND. E COM. - SÃO PAULO - RIO DE JANEIRO - BRASIL.
Todos os direitos autorais reservados para todos os países. All rights reserved.

243

Propriá
BAIÃO

PISTON
CLARINETE
SAX TENOR

Guio de Morais e Luiz Gonzaga

Tudo q' eu tinha deixei lá, não truxe não
Deixei o meu roçado prantadinho de feijão
Deixei a minha mãe, o meu pai e os meus irmão
E com a Rosinha, eu deixei meu coração
Por isso

BIS:
Eu vou voltá pra lá
Não posso mais ficá
Rosinha ficou lá, em Propriá

Solo:
Ai, ai, ui, ui!
Eu tenho que voltá
Ai, ai, ui, ui!
Minha vida tá todinha em Propriá

Coro:
Ai, ai, ui, ui!
Você tem que voltá
Ai, ai, ui, ui!
Sua vida tá todinha em Propriá.

© Copyright 1951 by IRMÃOS VITALE S/A IND. E COM. - SÃO PAULO - RIO DE JANEIRO - BRASIL.
Todos os direitos autorais reservados para todos os países. All rights reserved.

244

Pula a Fogueira
MARCHA

PISTON
CLARINETE
SAX TENOR

Getulio Marinho (Amor) e João Bastos Filho

Pula a fogueira, Yayá
Pula a fogueira, Yoyô
Cuidado para não se queimar
Olha que a fogueira
Já queimou o meu amor

Nesta noite de festança
Todos caem na dança
Alegrando o coração
Foguetes, cantos e troça
Na cidade e na roça
Em louvor a São João

Nesta noite de folguedo
Todos brincam sem medo
A soltar seu pistolão
Morena, flor do sertão
Quero saber se tu és
Dona do meu coração.

© Copyright 1936 by IRMÃOS VITALE S/A IND. E COM. - SÃO PAULO - RIO DE JANEIRO - BRASIL.
Todos os direitos autorais reservados para todos os países. All rights reserved.

Rico Santo Antonio

Gravado em discos COPACABANA por Olivinha Carvalho

Baião-Fado

PISTON
CLARINETE
SAX TENOR

Black Out

BIS
- Ai meu rico Santo Antonio
- Ai meu rico, ai meu rico São João
- Eu preciso de um moreno
- P´rás cabeceiras do meu coração

Há bem pouco cheguei de Lisboa
Meu Quinzinho ficou a chorar
Mas agora que aqui cheguei
Quero um moreno batuqueiro
P´rá me consolar.

© Copyright 1954 by IRMÃOS VITALE S/A IND. E COM. - SÃO PAULO - RIO DE JANEIRO - BRASIL.
Todos os direitos autorais reservados para todos os países. All rights reserved.

246

QUADRILHA NA ROÇA
QUADRILHA

PISTON
CLARINETE
SAX TENOR

Gerson Filho

© Copyright 1955 by EDITORA MUSICAL BRASILEIRA LTDA. - Rio de Janeiro - Brasil.
Todos os direitos autorais, execução, tradução e arranjos reservados para todos os países.

247

Rep ad lib sumindo

QUI NEM GILÓ
BAIÃO

Luiz Gonzaga e Humberto Teixeira

PISTON
CLARINETE
SAX TENOR

♩ = 105

Se a gente lembra só por lembrar
O amor que a gente um dia perdeu
Saudade inté que assim é bom
Pro cabra se convencer
Que é feliz sem saber
Pois não sofreu

Porem se a gente vive a sonhar
Com o amor que se deseja rever
Saudade entonce assim é ruim
Eu tiro isso por mim
Que vivo doido a sofrer

Ai ! quem me dera voltar
Pros braços do meu xodó
Saudade assim faz doer
E amarga Qui Nem Giló
Mais ninguém pode dizer
Que me viu triste a chorar

Saudade o meu remédio é cantar - BIS
Porém se a gente vive a sonhar
Com o amor que si deseja rever
Saudade entonce assim é ruim
Eu tiro isso por mim
Que vivo doido a sofrer

250

PISTON
CLARINETE
SAX TENOR

SÃO JOÃO NA ROÇA

Luiz Gonzaga e Zédantas

A fogueira tá queimando
Em homenagem a São João
O forró já começou
Vamo gente, rapá pé nesse salão

Dança Joaquim com Zabé
Luiz com Yayá
Dança Janjão com Raqué
E eu com Sinhá
Traz a cachaça Mané
Eu quero vê
Quero vê paia avuá.

252

São João do Carneirinho
BAIÃO

PISTON
CLARINETE
SAX TENOR

Guio de Morais e Luiz Gonzaga

Eu prantei meu mio todo no dia de São José
Se me ajuda a providênça, vamos tê mio a grané
Vou cuiê pelos meus carcos, vinte espiga em cada pé
Pelos carcos vou cuiê, vinte espiga em cada pé

Ai São João, São João do Carneirinho
Você é tão bonzinho, fale com São José
Fale lá com São José, peça p' relle me ajudá
Peça p' ru meu mio dá, vinte espiga em cada pé.

Sebastiana

COCO

PISTON
CLARINETE
SAX TENOR

Rosil Cavalcanti

Convidei a comadre Sebastiana
Pra dançar e xaxar na Paraíba
Ela veio com uma dança diferente
E pulava que só uma guariba
Mas gritava: A E I O U IPICILONE
Mas gritava: A E I O U IPICILONE

Já cansada no meio da brincadeira
E dançando fora de compasso
Segurei Sebastiana pelo braço
E gritei: Não faça sujeira
O xaxado esquentou na gafieira
Sebastiana não deu mais fracasso
Mas gritava: A E I O U IPICILONE
Mas gritava: A E I O U IPICILONE

254

1 a 1
ROJÃO

PISTON
CLARINETE
SAX TENOR

Edgard Ferreira

Esse jogo não é um a um
Se o meu clube perder há um zum-zum-zum (2 vezes)

O meu clube tem time de primeira
A sua linha atacante é artilheira
A linha média é tal qual uma barreira
O Centre-for corre bem na dianteira
A defesa é segura e tem um rojão
E o goleiro é igual um paredão

É encarnado, branco e preto, é encarnado e branco
É encarnado, preto e branco, é encarnado e preto

O meu clube jogando eu aposto
Quer jogar um empate é pra você
Eu dou um zura a quem aparecer
Um empate pra mim já é derrota
Mas confio nos craques da pelota
E o meu clube só joga é pra vencer

É encarnado, branco e preto, é encarnado e branco
É encarnado, preto e branco, é encarnado e preto

FALADO:
Rapaz uma coisa dessa também está demais
Um juiz ladrão rapaz
Eu vi com esses dois olhos que a terra há de comer
Quando ele pegou o rapaz pelo calção
O rapaz ficou sem calção.

© Copyright 1954 by IRMÃOS VITALE S/A IND. E COM. - SÃO PAULO - RIO DE JANEIRO - BRASIL.
Todos os direitos autorais reservados para todos os países. All rights reserved.

Viva São João

Gravada em discos CONTINENTAL por Tonico e Tinoco

Toada

PISTON
CLARINETE
SAX TENOR

Alberto M. Alves

Minha casinha, simplisinha ao pé da serra
Foi a " paioça" mais feliz do meu sertão
Foi construida, foi erguida com carinho
E inaugurada numa noite de São João.

Minha morena tava linda como a rosa
Toda de branco, com o " bouquet" de flor na mão
Veio da igreja e quando entrou no meu ranchinho
Ele me disse: Agora, viva São João.

Pula fogueira, minha cabocla
Mostra a alegria do coração
Não tenha medo, não tenha susto
Pois hoje é dia de São João.

Passou dois "ano" e nóis " feliz" , fomos vivendo
Vivia rindo sem porque, sem ter razão
Mas veio a morte e levou minha cabocla
Levou o luar das minhas noites de São João

Hoje, sozinho, não lamento minha sina
Vou procurando consolar o coração
Pus a saudade no lugar desta cabocla
E hoje é ela quem me diz: Viva São João

Dona saudade, não "vá-se" embora
Fica quietinha no coração
Nas noites tristes, fala baixinho
Bem de mansinho: Viva São João.

© Copyright 1954 by IRMÃOS VITALE S/A IND. E COM. - SÃO PAULO - RIO DE JANEIRO - BRAS
Todos os direitos autorais reservadospara todos os países. All rights reserved.

256

VEM MORENA
BAIÃO

Luiz Gonzaga e Zé Dantas

PISTON
CLARINETE
SAX TENOR

© Copyright 1949 by EDITORA MUSICAL BRASILEIRA LTDA. - Rio de Janeiro - Brasil.
Todos os direitos autorais, execução, tradução e arranjos reservados para todos os países.

Vem morena prus meus braços
Vem morena vem dançá

Quero vê tu requebrando
Quero vê tu requebrá

Quero vê tu remexê —
No resfulego da sanfona —
Inté o sol raiá —
Quero vê tu remexé —   BIS

No resfulego da sanfona —
Inté o sol raiá —

Esse teu fungado quente
Bem no pé do meu pescoço
Arrepia o corpo da gente
Faz um véio ficá moço
E o coração de repente
Bota o sangue im arvorôço

Vem morena ....

Esse teu suó sargado
É gostoso e tem sabô
Pois o teu corpo suado
Cum esse chêro de fulô
Tem um gosto temperado
Dos tempêro do amô

Vem morena ....

258

Xaxado

PISTON
CLARINETE
SAX TENOR

Hervé Cordovil e Luiz Gonzaga

Xaxado é dança macho
Dos cabras de Lampeão
Xaxa-Xaxa-Xaxado
Vem lá do sertão

O cabra calça as alpargata
De corrulepera
Cabra pega a carabina
E bate a bandolera

REFRÃO:
Xaxado, meu bem, xaxado
É dança lá do sertão
É dança dos cangaceiros
Dos cabras de Lampeão
É dança dos cangaceiros
Dos cabras de Lampeão

Quando eu pego no Xaxado
Meu Deus, eu não paro não
Xaxado é dança macho
Vem lá do sertão

O corrulepe do Xaxado
Faz a Xaxadeira
Pra dá gosto no Xaxado
Bate a bandoleira

REFRÃO:

© Copyright 1952 by IRMÃOS VITALE S/A IND. E COM. - SÃO PAULO - RIO DE JANEIRO - BRASIL.
Todos os direitos autorais reservados para todos os países. All rights reserved.

Chotes

J. C. Paixão Côrtes e L. C. Barbosa Lessa

PISTON
CLARINETE
SAX TENOR

Mas deixa estar que eu vou-me embora
Eu vou voltar pro meu rincão
Pra beber água dos teus olhos
Sangue do teu coração

Mas deixa estar que eu vou-me embora
Eu vou voltar pra o meu rincão
Que é pra comer churrasco gordo
E tomar mate chimarrão

Mas deixa estar que eu vou-me embora
Eu vou-me embora pra fronteira
Que é pra comer churrasco gordo
e tomar café de chaleira

Mas deixa estar que eu vou-me embora
Eu vou-me embora pra fronteira
Mas eu hei de levar comigo
Este chotes-laranjeira.

260

Xamêgo

PISTON
CLARINETE
SAX TENOR

Luiz Gonzaga e Miguel Lima

O xamego dá prazer
O xamego faz sofrer
O xamego às vezes dóe
E às vezes não
O xamego às vezes róe o coração
Todo mundo quer saber o que é o xamego
Ninguém sabe se ele é branco
Se é mulato ou negro
Ninguém sabe se ele é branco
Se é mulato ou negro

Quem não sabe o que é o xamego pede prá vovó
Que já tem setenta anos e ainda quer xodó
E reclama noite e dia por viver tão só
E reclama noite e dia por viver tão só

Ai, que xodó
Que xamego, que chorinho bom
Toca mais um bocadinho sem sair do tom
Meu compadre chega aqui
Ai, que xamego bom
Ai, que xamego bom
Ai que xamego bom

NATAL E REVEILLON

Boas festas

PISTON Sib
CLARINETE Sib
SAX TENOR Sib

Assis Valente

Anoiteceu, o sino gemeu
A gente ficou feliz a rezar
Papai Noel, vê se você tem
A felicidade pra você me dar

Eu pensei que todo mundo
Fosse filho de Papai Noel
Bem assim felicidade
Eu pensei que fosse uma
Brincadeira de papel
Já faz tempo que eu pedi
Mas o meu Papai Noel não vem
Com certeza já morreu
Ou então felicidade
É brinquedo que não tem.

264

Canção de Natal do Brasil

PISTON Sib
CLARINETE Sib
SAX TENOR Sib

David Nasser, Felisberto Martins
Francisco Alves

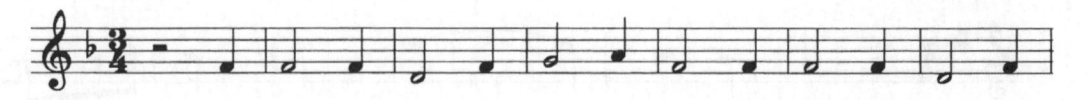

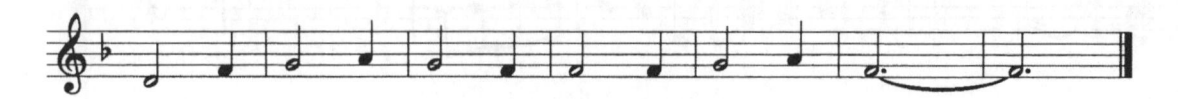

Natal de amor, natal de luz
Natal de paz - Jesus

Jesus descei e abençoai
Vosso povo sofredor
Dai harmonia aos vossos filhos
E um pouco mais de amor
Varrei o ódio da guerra
Protegei o bem contra o mal
Abençoai a minha terra, Senhor
Nesta noite de natal

Natal de amor, natal de luz
Natal de paz - Jesus.

© Copyright 1951 by IRMÃOS VITALE S/A IND. E COM.- SÃO PAULO - RIO DE JANEIRO - BRASIL.
Todos os direitos autorais reservados para todos os países. All rights reserved.

Feliz Natal

PISTON
CLARINETE
SAX TENOR

Klecius e Armando Cavalcante

Noite azul, sem igual
Deus nos dê um feliz natal !
Nosso lar está cheio de luz !
Paz na terra! Nasceu Jesus!

Tocam os sinos de natal
Lá na catedral!
Por meu lar, que é meu amor
Vou pedir ao Senhor!

266

Fim de Ano

PISTON
CLARINETE
SAX TENOR

Francisco Alves e David Nasser

Adeus ano velho
Feliz ano novo
Que tudo se realize
No ano que vai nascer
Muito dinheiro no bolso
Saúde pra dar e vender

Para os solteiros, sorte no amor
Nenhuma esperança perdida
Para os casados nem uma briga
Paz e sossego na vida

267

Natal das Crianças

PISTON
CLARINETE
SAX TENOR

Blecaute

Natal, natal das crianças
Natal da noite de luz
Natal da estrela guia
Natal do menino Jesus

Blim, blom, blim, blom, blim, blom
Bate o sino na Matriz
Papai, mamãe rezando
Para o mundo ser feliz
Blim, blom, blim, blom, blim, blom
O Papai Noel chegou
Também trazendo presente
Para vovó e vovô.

© Copyright 1955 by IRMÃOS VITALE S/A IND. E COM. - SÃO PAULO - RIO DE JANEIRO - BRASIL.
Todos os direitos autorais reservados para todos os países. All rights reserved.

268

Sino de Belém
CANÇÃO

PISTON
CLARINETE
SAX TENOR

Versão e arranjo de Ewaldo Ruy

Hoje a noite é bela, juntos eu e ela
Vamos à capela, felizes a rezar
Ao soar o sino, sino pequenino
Vai o Deus-Menino, nos abençoar!

Bate o sino pequenino, sino de Belém
Já nasceu o Deus-Menino para o nosso bem
Paz na terra, pede o sino alegre a cantar
Abençoe, Deus - Menino, este nosso lar!

VAMOS DAR AS MÃOS... E CANTAR

Gravação: Odeon por Silvio Cesar

Silvio Cesar

PISTON
CLARINETE
SAX TENOR

Antes do pano cair
Antes que as luzes se apaguem
Todas as portas se fechem
Todas as vozes se calem
Antes que o dia anoiteça
E nunca mais amanheça
Antes que a vida na terra
Desapareça.

(2 vezes)
Vamos dar as mãos
Vamos dar as mãos
Vamos lá
E vamos juntos cantar.

Antes do grande final
Antes dos rios secarem
Toda as mães se perderem
Todos os sonhos falharem
Antes que o medo da vida
Faça de mim um covarde
Antes que tudo se perca
Que seja tarde

(2 vezes)
Vamos dar as mãos
Vamos dar as mãos
Vamos lá
E vamos juntos cantar.

OUTRAS FESTAS POPULARES

PISTON
CLARINETE
SAX TENOR

Gravação ODEON por Francisco Alves e Coro Infantil

Canção da Criança
MARCHA

Francisco Alves e René Bittencourt

BIS:
Criança feliz, que vive a cantar
Alegre a embalar seu sonho infantil!
Ó meu bom Jesus, que a todos conduz
Olhai as crianças do nosso Brasil.

Crianças com alegria
Qual um bando de andorinhas
Viram Jesus que dizia:
" Vinde a mim as criancinhas"
Hoje, dos céus, num aceno
Os anjos dizem: " Amém"
Porque Jesus Nazareno
Foi criancinha também.

© Copyright 1952 by IRMÃOS VITALE S/A IND. E COM. - SÃO PAULO - RIO DE JANEIRO - BRASIL.
Todos os direitos autorais reservados para todos os países. All rights reserved.

PISTON
CLARINETE
SAX TENOR

Canção do Expedicionário

Spartaco Rossi e Guilherme de Almeida

275

I
Você sabe de onde eu venho
Venho do morro, do engenho
Das selvas, dos cafezais
Da boa terra do côco
Da choupana onde um é pouco
Dois é bom, três é demais
Venho das praias sedosas
Das montanhas alterosas
Da pampa, do seringal
Das margens crespas dos rios
Dos verdes mares bravios
Da minha terra natal.

Estribilho:

Por mais terras que eu percorra
Não permita Deus que eu morra
Sem que volte para lá
Sem que leve por divisa
Esse "V" que simboliza
A Vitória que virá
Nossa Vitória final
Que é a mira do meu fuzil
A ração do meu bornal
A água do meu cantil
As asas do meu ideal
A glória do meu Brasil!

II
Eu venho da minha terra
Da casa branca da serra
E do luar do meu sertão
Venho da minha Maria
Cujo nome principia
Na palma da minha mão
Braços mornos de Moema
Lábios de mel de Iracema
Estendidos pra mim!
Ó minha terra querida
Da Senhora Aparecida
E do Senhor do Bonfim!

Estribilho:

III
Você sabe de onde eu venho?
É de uma Pátria que eu tenho
No bojo do meu violão
Que de viver em meu peito
Foi até tomando jeito
De um enorme coração
Deixei lá atrás meu terreiro
Meu limão, meu limoeiro
Meu pá de jacarandá
Minha casa pequenina
Lá no alto da colina
Onde canta o sabiá.

Estribilho:

IV
Venho de além desse monte
Que ainda azula o horizonte
Onde nosso amor nasceu
Do rancho que tinha ao lado
Um coqueiro que coitado
De saudade já morreu
Venho do verde mais belo
Do mais doirado amarelo
Do azul mais cheio de luz
Cheio de estrelas prateadas
Que se ajoelham, deslumbradas
Fazendo o sinal da Cruz!

Estribilho:

277

Gravação COPACABANA por Nelson Ned

Deus abençoe as crianças
MARCHA

PISTON
CLARINETE
SAX TENOR

Nelson Ned

Em cada rostinho tão lindo
De uma criança a brincar
Nos parques da minha cidade
No pátio de um grupo escolar
Eu vejo a expressão de alegria
Que me faz sentir tão feliz
São meus irmãozinhos, são brasileirinhos
Crescendo com o meu país.

Deus abençoe as crianças
As crianças do Brasil
Pra que elas tragam ao mundo
O amor que jamais existiu
Deus abençoe as crianças
E a juventude também
Um sol de esperança no mundo surgiu
Raiou a juventude do Brasil

Em cada criança que eu vejo
Desperta o meu lado infantil
Eu vou rabiscar nas paredes
Que eu também amo o Brasil
Crianças que brincam de roda
Em volta de todo o país
São meus irmãozinhos, são brasileirinhos
E eu me sinto tão feliz.

Deus abençoe as crianças, etc...

© Copyright 1973 by IRMÃOS VITALE S/A IND. E COM. - SÃO PAULO - RIO DE JANEIRO - BRASIL.
Todos os direitos autorais reservados para todos os países. All rights reserved.

13053-c

278

Dia dos Namorados

PISTON
CLARINETE
SAX TENOR

Haroldo Lobo e Milton de Oliveira

Hoje é dia dos namorados
Toda a terra está em flor
Só se vê menina e moça
De braço dado, com o seu amor

Quem não tiver amor
Pede a Santo Antonio
Que Santo Antonio dá
Rezei e fiz novenas
E ele me atendeu
Pois está fazendo um ano
Que o nosso amor nasceu.

PISTON
CLARINETE
SAX TENOR

Festa do Divino
MARCHA

Adelar Bertussi

280

281

Fibra de Herói

(Bandeira do Brasil)
MARCHA

PISTON
CLARINETE
SAX TENOR

Teófilo de Barros Filho e Guerra Peixe

Se a pátria querida for envolvida pelo perigo
Na paz ou na guerra, defende a terra contra o inimigo
Com animo forte se for preciso, enfrenta a morte
Afronta se lava com fibra de herói de gente brava

BIS

Bandeira do Brasil
Ninguém te manchará
Teu povo varonil
Isso não consentirá
Bandeira idolatrada
Altiva a tremular
Onde a liberdade
É mais uma estrela
A brilhar.

© Copyright 1942 by IRMÃOS VITALE S/A IND. E COM. - SÃO PAULO - RIO DE JANEIRO - BRASIL.
Todos os direitos autorais reservados para todos os países. All rights reserved.